| 아는여행 | **DANYANG & YEONGWOL** |
| 01 | 단양 그리고 영월 |

다섯 사람의 로컬 큐레이터, 그들이 아는 단양과 영월.   URBANPLAY

CONTENTS

PROLOGUE	프롤로그	/	시작하는 글	07
TRAVEL	아는여행	단양	초등학교 교사 ǀ **윤성민**	14
		단양	고등학생 ǀ **서민지**	36
		단양	영화감독 ǀ **김진도**	54
		영월	브랜드파머 ǀ **원승현**	74
		영월	천문학자 ǀ **이태형**	92

MARKET	전통시장	단양	두 남자가 시장에서 발견한 것들	114
BRAND	소금과 차	단양	금수레	134
		영월	든해 티 하우스	148
RECIPE	로컬 레시피	단양 + 영월	마늘소금과 블렌딩 차	162
PLACE	50 SPOTS	단양 + 영월	여행을 떠나기 전 훑어야 할 50곳	170

PROLOGUE

단양과 영월은 남한강이라는 하나의 물줄기로 이어집니다. 예로부터 강은 선조들 삶의 젖줄 역할을 맡아왔으니, 같은 물이 흐르는 두 지역은 형제나 다름없습니다. 기다란 강과 함께 끝도 없이 이어지는 산세 그리고 드문드문 보이는 낮고 다정한 건물들이 서로 똑 닮아 있습니다.

우리는 강을 거슬러가며 그곳 사람들의 이야기를 들었습니다. 강이 있는 곳엔 분명 사람이 있고, 그들의 이야기도 고여 있을 테니까요. 바다와는 조금 다른 이야기입니다. 더 웅장한 것, 이상의 것을 도전하고 실현하는 곳이 바다라면 강은 그저 주민들의 삶을 정박할 수 있는 정도라고 여겨집니다. 마침 터전이라는 좋은 단어가 생각났습니다. 그중에서도 세 번째 뜻인 '살림의 근거지가 되는 곳'이 이곳의 정서에 와 닿는군요.

그렇기에 이 책에 등장하는 인물 또한 유별난 사람도 그리 유명한 사람도 아닙니다. 초등학교 교사, 고등학생, 영화감독, 소금 굽는 남자, 천문학자, 젊은 농부, 찻집 대표 등 전혀 접점이 없는 이들이 단양과 영월이라는 이름 아래 모두 모였을 뿐입니다. 이 책이 조금 특별하다면 다른 여행 책자와 달리 정보보다는 어린 시절의 추억이나 미래의 꿈에 대한 이야기가 많다는 거겠죠.

어디선가 이런 글을 본 적이 있어요. "여행책은 떠나지 못하는 이들의 손에 들린, 여기가 아닌 저기의 이야기." 이야기가 미처 책이 있는 곳까지 따라오지 못하는 이유는 아마 공감이 부족해서이지 않을까요. 어반플레이의 《아는여행》은 완벽히 사적인 동시에 '우리'라고 말할 수 있는 시각으로 지역을 담겠습니다. 그리고 저기가 아닌 여기에 머물겠습니다. 이야기를 이야기로서.

TRAVEL

아는여행

다섯 사람의 로컬 큐레이터
그들이 아는 단양과 영월.

단양

01 느티나무학교
02 베이커리 카페 하이디
03 다누리아쿠아리움
04 양백산 전망대
05 만천하스카이워크
06 국기사
07 대기슈퍼
08 새한서점
09 매포읍
10 단양병원
11 오성통닭
12 영춘면 강변
13 구인사

영월

01 엄둔계곡 장수바위
02 섶다리&섶다방
03 가마솥 식당
04 별마로천문대
05 청령포
06 난고 김삿갓문학관
07 살구나무집

단
양

TRAVEL

LOCAL **CURATOR**
초등학교 교사 윤성민

생활자와 여행자

빛망울 어린 남한강을 보고 있으면 눈이 아른거리며 시큰해진다. 출렁이는 수면 위 반짝임 때문인지 지나친 감상 때문인지는 모른다. 그저 웅장한 산세에 감싸인 물길을 따라 걸으며 풍경을 눈에 담을 뿐이다. 길게 이어진 남한강 길을 걷다 보면 여러 동물의 발자국과 이름 모를 식물을 만난다. 그리고 다소 엉뚱한 곳에서 붉은 조형물을 마주하게 되는데, '기억하라 1985'라는 이름을 가졌다. 1985년에 충주댐이 완공되면서 물에 잠긴 옛 단양구 단양의 아픔과 단양신 단양에서의 새 시작을 기억하자는 목적으로 만든 것이다. 나는 같은 해인 1985년에 태어났다. 대학 졸업 후 단양으로 초임 발령을 받고 두 곳의 학교를 거쳐 이곳 어상천초등학교에 오게 됐다. 첫 학교와 두 번째 학교는 경북과 충북이 맞닿은 곳이었고 지금 근무하는 학교는 강원도와 맞닿아 있다. 이렇게 충청북도, 경상북도, 강원도 3도의 접경 지역에 위치한 단양은 강원도에서 시작되는 남한강이 흐르고 경상북도와는 소백산이 이어져, 여러 산과 강이 어우러진 수많은 비경을 지니고 있는 고장이다. 자연의 눈부신 경관을 사계절 내내 자랑하는 단양은 나에겐 삶의 터전이자 가슴 설레는 여행지이기도 하다.

01

학교 오는 길

어상천초등학교

학교로 들어온 노란색 통학 버스가 중앙 현관을 지나 차고 앞에 멈춰 선다. 버스 문이 열리자 환한 미소의 아이들이 내린다. 그 모습에 오늘도 춥다고 투덜거리며 잔뜩 웅크렸던 내가 살짝 부끄러워진다.

따뜻한 차를 마실 수 있는 교무실로 향한다. 이불 속에 남겨둔 미련을 깨끗이 지우고 출근길 바빴던 마음을 가다듬는다. 동료 선생님들과 따뜻한 차 한잔에 두런두런 이야기를 나눈 뒤 아이들을 만나러 6학년 교실로 올라간다. 교실 문을 열자 열 명의 아이들이 다 같이 "안녕하세요!" 하고 힘차게 인사한다. 계절과 아이들의 모습은 변했지만 이 기분 좋은 반가움은 늘 그대로다.

아이들 한 명 한 명과 눈을 맞추며 인사한다. 예전에는 작은 학교에서 적은 인원의 아이들을 가르치면 나만의 교육 철학으로 학급을 더 잘 운영할 수 있을 것 같았다. 그런데 막상 일 년을 함께 지내보니 내가 추구하는 대로 아이들을 이끄는 것보다 아이들 하나하나에 관심을 쏟는 게 중요하다고 느껴졌다. 하지만 어느새 졸업으로 헤어질 날도 얼마 남지 않았다. 때늦은 아쉬움은 뒤로하고 아이들과 행복하고 따뜻한 시간을 보내야겠다.

02

수연이가 사는 학교

느티나무학교

아이들은 과학실에 가고 혼자 교실에 남은 온기를 끌어안으며 아이들이 써온 일기를 읽는다. 수연이는 오늘도 집에서 키우는 토끼와 양 이야기를 썼다. 수연이네 집은 폐교를 리모델링한 '느티나무학교'라는 이름의 캠프장이다. 그곳에는 동물 체험 농장이 있어 수연이의 일기는 늘 동물 이야기로 가득하다. 지난여름 느티나무학교에서 전교생 여름 캠프를 진행했는데 피자 만들기, 동물농장 체험, 야외 수영장 물놀이, 바비큐 파티, 캠프파이어 등 아이들이 좋아하는 다양한 체험 활동을 했다. 어상천초등학교에서의 첫해를 보낸 나에게는 아이들과 함께한 첫 1박 2일이 더욱 의미 깊었다. 그래서 수연이의 일기장에 집 이야기가 나오면 머릿속에 그날의 기억이 그려지면서 더욱 반갑게 읽게 된다.

오후에는 학부모 모임과 관련하여 수연이 아버지가 학교로 오셨다. 이번에 아이들을 태울 수 있는 깡통 열차를 직접 만들었다고 자랑하셨는데 얼마 전 읽은 수연이의 일기장 한 페이지가 기억났다. 아빠가 깡통 열차 한 대를 만들고 나서는 일사천리로 여러 대의 깡통 열차를 만들었지만 아쉽게도 아직 핸들을 못 달았다는 그런 내용.

◎ PLACE

느티나무학교 충북 단양군 어상천면 연곡심곡로 245-10 / 043 421 3005
이용 및 예약은 사이트 ntnm.co.kr를 통해 문의할 수 있다.

TRAVEL STORY | 단양 — 윤성민

03

정겨운 시골 빵집

베이커리 카페 하이디

올해 여름 우리 동네 사평리에 빵집이 생겼다. 편의점 하나 없었던 이곳에 빵집이 생겨서 반가웠지만 '과연 빵이 많이 팔릴까?' 하는 걱정 어린 마음도 있었다. 하지만 빵집을 연 지 반년이 되어가는 지금, '내가 먹고 싶은 빵이 아직 남아 있을까?' 하는 정반대의 걱정을 하고 있다.

오늘도 퇴근하면서 들른 빵집에는 빵이 거의 다 팔리고 몇 개 남지 않았다. 출근길에는 빵이 갓 나오기 시작하고 퇴근길에는 빵이 다 팔려버리니 내가 먹고 싶은 빵을 만나기란 여간 쉽지 않다.

갓 나온 빵처럼 따스하고 포근한 느낌의 사장님은 제천, 단양 지역에서 오랫동안 제빵 강사로 일하셨던 분이다. 가곡면의 아름다운 경치에 푹 빠져서 이 동네에 빵집을 직접 열게 되었다고. 어떤 합성 첨가물도 넣지 않고 매일 새벽부터 직접 반죽을 치는 정성이 빵에 고스란히 담겨 오늘도 우리 동네에 행복한 빵 냄새를 풍긴다.

◍ PLACE
베이커리 카페 하이디 운영시간 10:00~20:00(월요일 휴무)
충청북도 단양군 가곡면 사평3길 6-3 / 043 421 7022

04

아이들의 푸른 놀이터

/

다누리아쿠아리움

단양을 찾는 사람이 많아지면서 내게 단양 여행 코스를 물어보는 지인도 많아졌다. 최근 몇 년 사이 볼거리, 먹을거리, 즐길 거리가 더욱 많아지면서 추천하는 데 어려움이 있지만 아이를 동반한 가족 여행이라면 큰 고민 없이 다누리아쿠아리움을 추천한다.

청정 계곡을 여럿 품고 있는 단양에는 60여 종의 어류가 살고 있다. 그중 단양을 대표하는 어종은 쏘가리인데 아쿠아리움 앞에는 커다란 황쏘가리 조형물이 입을 벌리며 단양의 상징으로서 위용을 뽐내고 있다.

아쿠아리움에 들어가면 국내외 민물고기 187종 2,200여 마리가 수조에서 고운 빛깔을 뽐낸다. 종종걸음으로 수족관을 누비는 호기심 가득한 아이들의 눈빛을 보면 단양에 이런 시설이 생겨서 참 뿌듯하다는 생각이 든다. 높이 8m에 달하는 거대한 수족관을 둘러가며 다양한 어종을 감상하고 나면 파충류 전시관과 낚시 전시관이 바로 이어진다. 아쿠아리움 바로 옆에 자리한 4D 체험관과 다누리도서관에 들러 아이들과 함께 유익한 시간을 보낼 수도 있다.

♀ PLACE
다누리아쿠아리움 운영시간 화~금요일 09:00~17:00, 주말 09:00~18:00 / 043 423 4235
충북 단양군 단양읍 수변로 111 / 관람료 어른:10,000원, 청소년:7,000원, 노인·어린이:6,000원

TRAVEL STORY 단양 윤성민

05

지금의 단양은

양백산 전망대

아쿠아리움 밖에서 하늘을 올려다보면 꽃잎처럼 낙하하는 패러글라이딩 비행 모습을 볼 수 있다. 양백산 전망대에서 지상으로 활강하며 외치는 환호성은 하늘에서 내려다보는 단양의 모습을 궁금하게 만든다. 패러글라이딩을 하지 않더라도 전망대에 오르면 남한강이 포근하게 감싸드는 단양의 아름다운 모습을 한껏 만끽할 수 있다.

9년 전 초임 시절부터 이곳에 머물며 단양의 한결같은 모습뿐만 아니라 성장하면서 변화하는 모습도 보아왔다. 지금의 단양은 어른을 위한 명승지 위주의 관광지였던 과거와 달리 어린아이부터 어르신까지 전 연령대가 즐길 수 있는 여행지가 되었다. 저 아래 보이는 남한강에는 다양한 삶의 이야기와 함께 아이들의 즐거운 웃음소리도 녹아 흐른다. 그 웃음소리는 강물 위 빛망울이 되어 또다시 반짝인다.

📍 PLACE

양백산 전망대 충북 단양군 단양읍 기촌리 / 해발 664m의 전망대는 차로도 꽤 올라가야 하는 높이다. 길이 다소 험하므로 기상 여건을 확인하고 가는 것이 좋다.

초등학교 교사 윤성민

2009년 단양에 초등 교사로 신규 발령을 받은 뒤 현재까지 근무하고 있다. 교직에 들어서면서 사진을 취미로 시작하게 되었고, 사진을 통해 생각과 감정을 표현하고 공유하는 것에 큰 행복을 느낀다. 2012년부터 단양 지역 청소년 사진 동아리 '단빛'을 운영하고 있다. 매년 학생들과 사진 전시회를 개최하고 있으며 2017년엔 서울 청계천에서 〈단빛 서울 사진 전시회〉를 열었다. 앞으로도 많은 학생이 단빛을 통해 더 넓은 세상을 만나고 소통할 수 있도록 노력하고자 한다.

아이와 함께 간다면

---

4 SPOTS
IN SEONG-MIN'S STORY

윤성민 선생님이 소개하는 장소는 아이들과 함께 가기 좋은 곳들이다. 느티나무학교에서는 피자 만들기, 캠프파이어 등을 하고 아쿠아리움에서는 민물 속 생물들을 직접 만나볼 수 있다. 맛있는 빵집과 탁 트인 단양의 전경을 바라볼 수 있는 전망대도 소개하니 아이들과 함께 코스를 따라 여행해보는 것도 재밌겠다.

01 느티나무학교

수연이 아버지가 운영하시는 캠프장. 지금쯤 깡통 열차가 완성되었을지도 모른다.

02 베이커리 카페 하이디

단양에서 가장 유명한 빵집. 소금과 버터가 들어간 시오빵이 맛있으니 꼭 먹어보길!

03 다누리아쿠아리움

국내 최대의 민물고기 생태관. 낚시 박물관도 있어 아빠가 먼저 찾아가고 싶어 할 장소다.

04 양백산 전망대

올라가는 길은 험하지만 정상에 오르고 나면 탁 트인 단양의 절경을 볼 수 있다.

단
양

TRAVEL

LOCAL **CURATOR**
고등학생 서민지

고향의 품 안에서

해가 질 무렵, 단양고등학교에서 민지를 만났다. 검은 단발에 조금은 멍한 표정의 여학생. 민지는 사진을 찍는다고 했다. 우리는 빈 교실에 앉아 꽤 오랫동안 얘기를 나눴다. 오랜만에 앉아본 나무 의자는 여전히 좀 딱딱했지만 민지의 얘기를 듣느라 시간 가는 줄 몰랐다. 나는 꾸밈없이 모르는 건 모른다고 말하는 민지가 좋았다. 아니 어쩌면 그 순수한 나이 때가 부러웠는지도 모른다. 단양의 명소를 소개해달라는 내게 민지는 어느 낡은 슈퍼와 순식간에 명찰을 만들어준다는 한 할아버지의 가게를 알려줬다.

간단한 자기소개 부탁해요.

안녕하세요. 저는 충북 단양고등학교에 다니고 있는 1학년 3반 서민지라고 합니다.

단양에 사는 학생을 찾는다고 했을 때 윤성민 선생님이 민지 양을 추천해줬어요. 선생님과는 어떻게 알게 된 사이예요?

초등학교 5학년 때 '단빛'이라는 사진 동아리에 가입했는데, 그때 선생님을 만났어요. 지도 선생님이셨거든요. 동아리에 들어가게 된 계기는 딱히 없어요. 그냥 주변 친구들이 하길래 저도 따라 한 거예요. 그러다가 사진 찍는 재미를 알게 돼서 지금까지 활동하게 됐고요.

단양에 산 지는 얼마나 됐어요?

단양에서 나고 자랐어요. 그러니까 17년 산 거겠죠? 단양은 공기도 맑고 산도 많고 물도 깨끗한 곳이에요. 순수한 곳이라고 해야 할까요.

서울에서 친구가 놀러 온다면 단양의 어느 장소에 데려가고 싶어요?

단양을 한눈에 볼 수 있는 만천하스카이워크요. 현장학습 때 가봤는데 무섭긴 해도 스릴이 있더라고요. 전망대로 가는 미로 같은 길도 꽤 멋있고요.

단양이 고향이지만 가끔 이 지역이 특별하게 느껴질 때가 있어요?

사람들이 단양으로 놀러 오는 게 특별하고 신기해요. 예전만 해도 주말엔 동네 사람들 밖에 없어서 무척 조용하고 한적했거든요. 그런데 요즘은 관광객이 늘어나면서 평일에도 시끌벅적해요. 소문을 듣고 맛집을 찾아오는 분도 있고 패러글라이딩을 하러 오는 분도 있고요. 인터넷에서 추천 여행지로 단양이 나오는 것을 보고 '아, 여기가 유명해지긴 했구나'라고 생각했어요.

📍 **PLACE** 만천하스카이워크

운영시간 동절기 10:00~17:00, 하절기 09:00~18:00

충북 단양군 적성면 애곡리 94 / 043 421 0015

* 당일 기상 여건에 따라 이용 제한이 따를 수 있음

영 엉뚱한 얘기일지 모르겠지만, 가끔은 제가 경기도에 살아서 딱 경기도만큼의 글을 쓰고 있다는 생각을 해요. 경기도는 뭔가 애매하잖아요. 서울도 아니고 먼 지방도 아니고…. 민지 양은 단양에 살고 있기에 찍을 수 있었던 장면이 있다고 생각해요?

단양은 시골이어서 그런지 다른 곳에 비해 옛날부터 쭉 이어져 온 가게가 많아요. 제가 그중에 국기사라는 가게를 꾸준히 가는데요, 거기서 몰래 찍은 주인 할아버지 사진을 좋아해요. 국기사는 중학생 때부터 지금까지 명찰을 맡긴 곳이에요. 할아버지가 직접 명찰을 만들어주시죠. 저뿐만 아니라 다른 학교 학생도 많이 찾아가요. 아마 명찰 만드시는 모습을 보면 깜짝 놀랄 거예요. 정말 순식간이거든요.

그럼 여태까지 찍은 사진 중 가장 마음에 드는 건 뭐예요?
별방리에 있는 대기슈퍼 사진과 방금 말한 국기사 할아버지 사진이요. 이

두 사진이 장소의 매력을 잘 보여준 것 같고, 무엇보다 그곳에 있는 인물들이 자연스럽게 나왔어요.

📍 PLACE 국기사
운영시간 10:00~18:00 (주말 휴무) / 충북 단양군 단양읍 삼봉로 289-1 / 043 422 2558

사진에 대해 잘 모르지만 민지 양이 찍은 장면들은 하나같이 순하고 예뻤어요. 사진으로 어떤 메시지를 전달하고 싶어요? 너무 어렵게 생각하진 말고요.
음…. 모든 분에게 힐링이 되는 사진을 찍고 싶어요. 가끔 친구들이 제 사진을 보고 마음이 편해진다고 하거든요. 그런 얘기 들을 때마다 기분이 좋더라고요. 그래서 앞으로 더 많은 분에게 좋은 영향을 주는 사진가가 되고 싶어요.

지금은 사진을 배우고 있는 단계잖아요. 앞으로 어떤 사진을 찍고 싶어요?
제가 지금 학생이잖아요. 그래서 교복 입은 친구들 사진을 많이 찍어놓고 싶어요. 또

TRAVEL | INTERVIEW
단양 | 서민석

패션에도 관심이 많아서 패션 사진도 찍어보고 싶고, 여행을 다니면서 다른 나라 사람들의 개성이 담긴 인물 사진도 찍어보고 싶어요. 하고 싶은 건 참 많아요.

갑자기 민지 양의 일상이 궁금해요. 공부 잘해요?(웃음)
아니요, 공부 못 해요. 그래서 다른 학생들에 비해 시간이 널널한 것 같아요.(웃음) 우선 아침에 일어나서 등교 준비를 하고, 걸어서 1분 거리에 사는 친구와 등교해요. 그 애랑은 눈이 오나 비가 오나 항상 같이 걸으면서 잡다한 얘기를 나눠요. 그 이후부터는 뭐, 수업 듣고 쉬는 시간에 친구들과 수다 떨고….(웃음) 하교할 때는 등교할 때보다 시간이 더 오래 걸리는 것 같아요. 주변을 어슬렁거리며 사진 찍을 거 있나 살펴보거든요. 집에 가서는 보통 사진 보정을 하거나 그냥 쉬어요.

친구들과 자주 가는 곳과 개인적으로 좋아하는 곳의 분위기는 어때요?
친구들과는 코인 노래방에 자주 가요. 개인적으로 좋아하는 곳은 조용한 카페고요. 시내에 있는 달콤이라는 카페에 자주 가는데, 강변이 잘 보이는 창가에 앉아 빵이랑 음료수 먹을 때 가장 행복해요.

민지 양이 추천해준 곳 중에 대기슈퍼 이야기가 가장 궁금했어요. 의자에 앉아 있는 친구들은 누구예요?
사촌 동생들이에요. 그때 이모, 엄마, 외할아버지, 사촌 동생 두 명이랑 대기슈퍼 근처에 갈 일이 있었거든요. 어른들은 잠깐 할 일이 있다고 하셔서 동생들을 데리고 슈퍼에 갔어요. 먹을 거 하나씩 사주고 밖으로 나왔는데 동생들이 알아서 슈퍼 앞 의자에 앉아서 쉬더라고요. 배경도 마음에 들고, 날씨도 좋고, 동생들도 귀여워서 사진을 찍었어요. 언제 봐도 기분 좋은 사진인 것 같아요.

📍 PLACE
대기슈퍼 충북 단양군 영춘면 별방창원로 424 / 대기슈퍼는 주인 할머니 마음대로 열고 닫는다. 근방에 슈퍼가 두 곳 더 있는데 춘방다방 할머니는 서로 싸울까 봐 번갈아가며 이용한다고.

새한서점은 가봤어요? 뭔가 묘한 분위기의 책방이더라고요.
예전에 친구랑 같이 가서 사진을 찍으려고 인터넷으로 검색해봤는데 직접 가보니 훨씬 예스럽고 신비로웠어요. 산속에 있어서 더 특별하게 느껴진 것도 같아요. 그리고 생각보다 많은 사람이 찾아오더라고요. 제가 갔을 때도 가족 단위의 손님이 많았어요. 나중에 여름 되면 또 가보고 싶어요.

♀ PLACE
새한서점 운영시간 동절기 09:00~18:00, 하절기 09:00~19:00 / 010 9019 8443
충북 단양군 적성면 현곡본길 46-106/ 새한서점은 온라인shbook.co.kr으로도 이용할 수 있다.

가족과 추억이 많은 곳이 있어요?

명소는 아니고요, 예전에 살았던 집이 가장 기억에 남아요. 아무래도 한 곳에서 14년 넘게 살다 보니 추억이 많이 쌓일 수밖에 없더라고요. 그 집은 되게 넓어서 여름이면 마당에 돗자리를 깔고 언니들과 소꿉놀이를 했어요. 찻잔 세트를 들고 역할을 바꿔가면서 엄마 아빠 놀이, 공주 놀이 같은 걸 했죠. 안방에는 되게 큰 창문이 있었는데, 가끔 소독차 소리가 들리면 창문으로 확인하고 바로 뛰쳐나가 연기를 따라갔어요. 그건 어느 시대든 똑같은 것 같아요.(웃음)

민지 양은 어떤 계절의 단양이 가장 좋나요?

저는 여름의 단양이요! 단양엔 산이 많아서 봄만 돼도 사방이 푸릇푸릇하거든요. 여름엔 그 푸릇함이 절정이어서 더 아름다워요. 덥기는 해도 상쾌한 풍경 덕분에 사진을 더 자주 찍는 것 같아요. 그리고 그때면 관광객이 많으니까 마을에 생기가 돌아서 좋아요.

지금 단양은 만천하스카이워크나 수양개빛터널 등 관광 명소를 개발하고 있어요. 그런 모습을 지켜보면 어떤 기분이 드는지 궁금해요.

관광객이 많이 오는 건 좋지만 개발로 인해 자연이 훼손되는 건 좋지 않은 것 같아요. 철없는 소리일지는 몰라도 저는 계속해서 자연을 지켜나갔으면 좋겠어요. 단양은 풍경이 제일이잖아요.

민지의 시선과 함께

4 SPOTS
IN MIN-JI'S STORY

민지가 소개하는 장소들은 본인이 직접 가보고 사진을 찍은 곳이다. 만천하스카이워크나 새한서점처럼 많이 알려진 장소도 있지만, 별방리의 버스정류장으로 쓰이는 대기슈퍼, 중·고등학교 내내 명찰을 맡겼던 국기사처럼 그곳에 살고 있기에 알 수 있는 비밀스러운 장소도 있다.

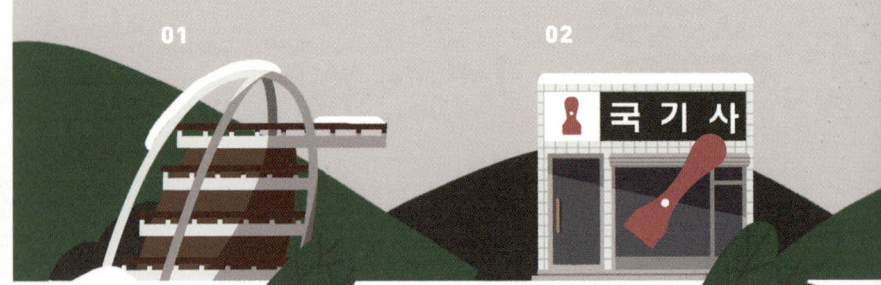

01
02

01 만천하스카이워크

남한강이 한눈에 보이는 전망대. 약 90m 높이에서 바닥에 유리가 깔린 하늘길을 걸을 수 있다.

02 국기사

단양 시내의 유일한 국기사. 주인 할아버지께서는 단양고등학교를 거치는 모든 학생의 명찰을 만드셨다고 한다.

03 대기슈퍼

별방리에 있는 작은 슈퍼. 맞은편에 두 곳의 슈퍼가 더 있어 주민들은 돌아가면서 슈퍼를 이용한다고.

04 새한서점

숲속에 있는 헌책방. 영화 〈내부자들〉 촬영지로 입소문을 타고 있으며, 흙바닥 위에 서 있는 책장들이 매력적인 장소다.

단양

TRAVEL

LOCAL CURATOR
영화감독 김진도

시간의 비밀이 느껴지는 곳

도시와 달리 단양에서의 시간은 느리게 흐른다. 단양에는 새롭고 빠른 것이 없다. 24시간 편의점과 프렌차이즈 음식점이 곳곳에 들어와 있지만, 잠깐의 편의 공간일 뿐 그곳 사람들의 일상에 침투할 만한 힘은 가지지 못한다. 자연스레 사람의 호흡이 느려진다. 이 느린 흐름을 따라 처음 자각하게 되는 것은 시간에 대한 감각. 단양을 가로질러 유유히 흐르는 남한강의 모습은 시간의 흐름에 대한 훌륭한 은유가 된다. 내가 남한강을 바라볼 때, 남한강도 나를 바라본다. 이때 일깨워진 감각은 나의 과거와 현재와 미래를 다시 조망하게 하고, 자신을 재구성하는 계기가 된다.

영화 〈흔들리는 물결〉은 죽음이라는 사건과 이를 관통하는 시간의 흐름을 통해 삶의 의미를 되묻는 작품이다. 죽음과 무의미. 흘러가는 시간 위에 위태롭게 서 있는 인간은 시간에 대해 진지한 질문을 던질 때, 비로소 제 몸을 추스를 계기를 얻게 된다. 영화 속 주인공도 마찬가지다. 한 인물을 만나면서 지난날 그저 흘려보내기만 했던 시간을 생성의 장으로 새롭게 인식하고, 시간이야말로 사랑의 근원이었음을 깨닫는다. 폐허가 된 시간을 허물고 그 위에 새로운 힘으로 자신의 시간을 만들어가는 일. 나와 타인을 사랑하는 행위와 동일하다. 그리고 그러한 목격과 재발견이 가능한 곳이 바로 단양이다.

01

고요하고 은밀한 동네

매포읍

남자와 여자 주인공이 사는 매포는 단양에서 차로 15분 정도 떨어진 작은 읍이다. 나의 고향 풍기와 멀지 않은 곳이라 어렸을 때 몇 번 와본 기억이 있다. 처음 영화의 이미지를 떠올렸을 때 주인공이 살 법한 공간으로 이곳을 점찍어두었다. 마치 죽은 듯 느리게 움직이는 공간. 어린 나에게 매포는 그런 이미지로 각인되었던 것 같다. 매포의 이미지와 정서는 주인공의 내면 세계와 닮아 있다. 그곳은 삶의 의미를 잃어버린 남자에게는 무의미의 공간이 되고, 죽음을 목전에 둔 여자에게는 기적이 일어날 수도 있는 가능성의 공간이 된다. 다시 말해 매포는 무의미와

의미가 공존하는 공간이다. 이 충돌이 영화에 긴장감을 주는 핵심적인 장치이자 서로의 존재를 찾아가는 계기가 된다. 이때 남자와 여자 주인공의 집을 이어주는 '다리'가 큰 역할을 한다. 특별할 것 없는 다리 위에서 주인공들은 처음으로 서로의 마음을 고백한다. 매포를 무의미한 공간으로 여겼던 남자에게 집과 그 주변은 이제 의미로 가득 찬 빛나는 세계가 된다. 시간의 은밀한 비밀은 쉽게 찾아지거나 느껴지지 않는다. 소란스럽지 않게, 들뜨거나 떠들썩하지 않게 오랫동안 느끼고 들여다보아야 비로소 보이기 시작한다. 매포가 품고 있는 어둡고 느린 호흡. 그 깊고 고요한 숨결은 우리에게 많은 것을 반추하게 만든다.

♀ PLACE

매포읍 충청북도 단양군 매포읍 평동14길 12
매포읍사무소 앞에 주인공들을 이어주던 다리가 있다. 읍사무소 옆으로는 남자 주인공의 집이 있고, 다리 건너에 있는 매화2차빌라가 여자 주인공의 집이다.

◉ PLACE

단양서울병원 충청북도 단양군 단양읍 삼봉로 341 / 지금은 폐업해 외관만 볼 수 있다

02

시간을 잠시 붙잡는 일

/

단양병원

〈흔들리는 물결〉은 아이러니를 전면에 내세운 영화다. 죽어가는 여자 주인공과 이미 죽은 듯 살아가는 남자 주인공이 누군가의 삶을 살리는 '병원'이라는 공간에서 근무한다. 이 아이러니가 영화 전반에 걸쳐 긴장을 부여하고 의미를 구축한다. 그 때문에 이를 잘 담아낼 만한 장소 섭외가 매우 중요했는데, 마침 단양 시내에 영화 전체 이미지와 딱 맞는 단양병원이 있었다. 개원한 지 30년이 넘은 병원. 주인공이 사는 집과 더불어 두 번째로 중요한 공간인 이곳은 주인공의 내면처럼 어둡고 흐리고 금세라도 부서질 것 같은 쇠락의 기운이 감돌았다. 촬영감독과 처음 병원을 방문했을 때 그는 영화의 이미지와 너무 잘 맞아떨어진다며 마치 보석이라도 발견한 듯 즐거워했다. 하지만 즐거움도 잠시 마른하늘에 날벼락 같은 소식이 날아들었다. 촬영 며칠 전에 운영 상의 어려움 때문에 병원이 문을 닫게 되었다는 것이다. 우리는 어쩔 수 없이 크랭크인 날짜를 앞당겨 3일 동안 병원 장면을 모두 찍어야 했다. 공간은 훌륭했으나 그것을 다 담아내기엔 부족한 시간이었다. 어찌 되었든 겨우겨우 분량의 신을 촬영했고 아쉽지만 나쁘지 않은 장면을 얻을 수 있었다. 결국 영화 촬영 중반쯤 단양병원은 폐업 절차를 밟았고, 사람들이 드나들던 현관문은 자물쇠로 굳게 잠겼다. 이렇듯 시간이라는 존재는 모든 것을 쓸어 담아 저 멀리 혼자 가버린다. 인간은 그 앞에서 무력하다. 하지만 시간을 저장할 수 있는 방법 또한 인간에게 있다. 기억과 기록을 통해 시간을 다시 우리 앞에 불러 세우고 그 안에 인간의 시간을 새겨 넣는다. 영화 속에서 재생된 단양병원은 묘한 상실의 감정을 불러일으켰다. 아쉽지만 되돌릴 수 없는 순간들을 화면을 통해 만나게 되자 이미 사라진 그 이미지에 찔끔 눈물이 날 것도 같았다. 그러나 아쉬움을 어쩌겠는가. 남는 것은 기억과 기록, 그리고 사라진 것에 대한 따뜻한 안부의 인사일 것이다.

03

통닭과 맥주 한잔의 밤

오성통닭

영화 촬영을 며칠 앞둔 시점이었다. 출연자들과 함께 숙소에 들어가기 전 간단하게 맥주를 한잔하기로 했다. 구경시장 옆 골목, 우연히 눈에 들어온 곳으로 들어갔다. 오성통닭. 어디서 많이 들어본 이름이었다. 우리는 적당히 허름한 자리에 앉아 주문을 했고, 얼마 안 있어 나온 통닭에선 김이 모락모락 피어올랐다. 그리고 곧바로 입에 넣었는데… 아찔했다. 고소하다는 의미가 이런 느낌인가? 배우들의 얼굴을 보자 그들도 동그랗게 눈을 떴다. 심상치 않구나. 남녀 배우 모두 영화 배역상 다이어트를 해야만 했다. 그러나 통닭과 맥주를 앞에 두고 차마 그 말을 할 수 없었다. 그냥 먹었다. 매우 맛있게. 살은 내일 빼면 되니까.

◊ PLACE
오성통닭 운영시간 매일 10:00~20:00 / 충북 단양군 단양읍 도전5길 31 / 043 421 8400

04

사색의 길

/

구인사

구인사는 소백산 연화봉 아래 자리 잡은 대한불교 천태종의 총본산이다. 영화에서는 주인공이 오토바이를 타고 주차장에서 빙글빙글 굉음을 내며 질주하는 공간으로 쓰였는데, 아쉽게도 편집 과정에서 삭제되었다. 촬영 장소를 물색하면서 구인사 경내를 둘러볼 때 제일 먼저 놀란 점은 압도적인 크기였다. 단층의 절만 보다가 2층 이상의 건물을 보니 거대한 종교적 아우라가 느껴졌다. 이곳은 고요히 걷기에도 안성맞춤인 장소. 다소 가파른 길이 이어지지만 양쪽에 죽 늘어서 있는 사찰에서는 종교의 위엄을 느낄 수 있고, 사찰 너머에 경건하게 서 있는 소백산 자락에서는 그 풍부한 정취를 맘껏 즐길 수 있다. 조용하지만 묵직한 종교적 분위기가 신비로운 체험으로 다가오는 구인사. 단양에 온다면 꼭 한 번 가봐야 하는 정결의 공간이다.

◉ PLACE

구인사 충청북도 단양군 영춘면 구인사길 73 / 043 423 7100 / 구인사에선 템플스테이도 체험할 수 있다. 궁금한 사람은 사이트 guinsa.templestay.com를 살펴보도록.

PLACE
구인사

📍 PLACE **영춘면 강변**

영춘면보건지소/충청북도 단양군 영춘면 온달평강로 39 주차장에 강변으로 내려갈 수 있는 계단이 있다. 계단을 따라 내려가면 자갈과 갈대가 보이는 강변과 차분하게 흐르는 남한강을 볼 수 있다.

05

고이지 않고 흐른다는 것

영춘면 강변

영화를 처음 구상할 때 두 가지 이미지를 떠올렸다. 첫 번째는 사랑했던 여자의 엑스레이 사진을 들여다보는 남자의 얼굴이었고, 두 번째는 그녀를 위해 해 질 녘 강을 거슬러 홀로 수영해 가는 남자의 뒷모습이었다. 촬영 장소로 쓸 병원은 쉽게 찾았다. 이제 남은 것은 강을 거슬러 수영해 가는 남자가 머물 공간이었다. 원래 정해둔 장소는 단양 철교 아래였다. 그러나 촬영지를 점검하다 수심이 너무 얕다는 것을 알게 되었고, 스태프들은 서둘러 다른 장소를 찾아야만 했다. 그때 급하게 찾아낸 공간이 바로 영춘면 강변이었다. 촬영감독이 우연히 찾아낸 이곳은 이전 장소보다 훨씬 느낌이 좋았다. 사방으로 가득한 푸른 산과 강물의 이미지는 묘한 감정을 불러일으켰다. 저 멀리 뻗어 끝이 보이지 않는 강의 굴곡은 인간 역사의 유구함을 상징하는 것 같아 의미상으로도 훨씬 강렬하게 다가왔다.

고요히 흐르는 남한강 지류는 주인공에게 시간의 비밀을 마주하게 해주는 성찰의 장소이자 치유의 공간이다. 그곳에서 주인공은 시간을 허무와 죽음의 얼굴이 아닌, 감사와 사랑이 새겨진 얼굴로 새롭게 받아들인다. 이처럼 말없이 흐르는 강물은 시간에 대한 훌륭한 시각 이미지를 제공하고, 주인공은 그 이미지를 통해 시간에 대해 새롭게 사유하게 된다. 강물을 바라봄으로써 우리 안에 흐르는 시간의 흐름을 다시 한번 자각하는 일. 그리고 그 감각을 통해 시간이 감춰둔 비밀을 열어보는 것. 그것은 자신 안에 숨어 잠자고 있던 사랑의 감각을 다시 일깨우는 일일 것이다.

도로 위 또 다른 여행

01 신 단양에서 충주로 가는 36번 국도

드라이브 코스로 안성맞춤이다. 충주댐이 건설되면서 국도 옆으로 흐르는 강물의 양이 많이 줄었지만, 왼편으로는 월악산 자락이 부드럽게 이어지고, 오른편으로는 남한강이 넉넉한 품을 내보이며 따라온다. 음악과 함께 달리기에 더없이 훌륭한 곳. 강과 산을 옆에 끼고 천천히 달리면 설레는 감정을 느끼기에 충분한 데이트 코스가 된다.

02 소백산을 느낄 수 있는 5번 국도

단양에서 영주시 풍기읍으로 건너가는 국도다. 지금은 중앙고속도로 개통으로 교통량이 많이 줄었다. 덕분에 고개를 넘는 40여 분간 한적한 분위기에서 풍광을 음미할 수 있다. 나는 죽령고개라고도 불리는 이 길을 시나리오에서 하늘로 올라가는 듯한 두 연인의 뒷모습으로 묘사했다. 실제로 이 오르막길을 오르다 보면 기묘한 상승의 기운이 느껴진다. 가파르고 굴곡이 심해 다소 힘든 드라이브 코스지만, 가을과 겨울에 가면 주변을 둘러싼 단풍과 눈꽃으로 눈이 즐겁다.

영화감독 김진도

2001년 영화 〈와니와 준하〉 연출부로 처음 영화 일을 시작했다. 일주일에 한 번 친한 친구들이나 선후배 동료들과 함께 폭음하기를 즐기며, 그 외에는 책 읽는 것을 제일 좋아한다. 독서클럽 회원이며 한 달에 한 번 책에 관한 토론을 하고 독후감을 쓰는 시간을 정기적으로 갖고 있다. 2002년 김성수 감독이 연출한 〈2002 한일월드컵 뮤직비디오〉, 〈감독이 만드는 지오다오 CF〉에 스태프로 참여했으며, 2006년 영상원 전문사에서 영화 시나리오를 전공했다. 2015년 감독 준비 7년 만에 영화 〈흔들리는 물결〉을 만들었고, 현재 영화사 청년필름에서 학교폭력에 관한 이야기를 기획하고 있다.

흔들리는 물결을 따라

5 SPOTS
IN JIN-DO'S STORY

영화감독 김진도가 소개하는 단양 여행 코스는 그가 영화를 찍으며 알게 된 장소이다. 많은 사람이 찾는 곳이 아니라 찾아가기 쉽지 않지만, 영화 속 풍경이 눈앞에 펼쳐질 때마다 스크린 안에 있는 듯한 기분이 든다.

01 매포읍

주인공들의 집이 있는 동네. 김진도 감독의 표현을 빌리자면 느린 호흡을 가지고 있는 마을이라고.

02 단양병원

〈흔들리는 물결〉의 주요 배경이 되었던 곳. 지금은 폐업을 해 실내는 영화를 통해서만 볼 수 있다.

03 오성통닭

고소함의 끝을 보여주는 통닭집. 메뉴는 후라이드 종류뿐이지만, 맛을 본다면 그 당당함을 이해하게 된다.

04 영춘면 강변

단양의 산과 강을 동시에 느낄 수 있는 곳. 물이 맑아 투명한 강물 아래 예쁜 자갈을 볼 수 있다.

05 구인사

대한불교 천태종의 총본산. 약 50동의 건물이 길게 이어져 있어 천천히 걸어 올라가면 묘한 기분이 든다.

영월

TRAVEL

LOCAL CURATOR
브랜드파머 원승현

그럼에도 불구하고 계속하는 이유

영월에서 36년간 유기농 농사를 지은 남자와 몇 해 전부터 그 옆을 지키는 아들이 있다. 아들은 아버지를 도와 토마토 농사를 지으며 농장 이름을 지었다. '그럼에도 불구하고'의 정신으로 유기농 농사의 대를 잇겠다는 뜻인 '그래도팜'. 그 김에 토마토 이름도 하나 지었다. "토마토 맛이 기똥차다, 기특하다"는 고객의 평을 듣고 생각해낸 '기토'다. 그저 대표할 수 있는 이름이 생겼을 뿐인데 많은 게 달라졌다. 사람들은 이제 그냥 토마토가 아닌 기토를 기억한다. 수많은 토마토 중 그래도팜의 토마토를 꾸준히 찾는다는 것, 그건 그의 아버지가 36년간 이어온 정신을 처음으로 입 밖으로 불러낸 일이다.

안녕하세요, 자기소개 부탁합니다.
안녕하세요. 저는 브랜드파머 원승현이라고 합니다. 브랜드파머라는 직업처럼 아버지를 도와 토마토 농사를 지으면서 '그래도팜'의 브랜딩을 함께하고 있어요. 저는 원래 디자이너였어요. 산업디자인을 전공한 이후 패키지 디자인 쪽 일을 하다 2015년에 귀농했어요.

고향이 영월인가요?
네. 아버지, 어머니께서 계속 여기서 농사를 지으셨어요. 서울 생활 몇 년을 제외하곤 쭉 영월에 살았죠. 완전 토박이라고 보면 돼요. 어렸을 땐 빨리 이곳을 떠나고 싶은 마음뿐이었어요. 답답하잖아요. 버스도 오래 걸리고, 길바닥은 흙투성이고…. 그래서 고등학교 때 엄청 열심히 공부했어요. 애들이 떠들면 자제시키면서 공부하는 애 있잖아요. 그게 저였어요. 공부 잘해서 빨리 떠나려고.

그렇게 원하던 서울 생활을 접고 고향으로 돌아온 이유가 궁금해요.
대학교 가면 끝나는 줄 알았는데 졸업하고 나니까 다시 시작이더라고요.(웃음) 회사 생활이 싫었다기보다 제가 원래부터 먹거리나 생태에 관심이 많았어요. 아무래도 아버지의 영향을 많이 받았을 거예요. 아버지가 유기농 농사 1세대거든요. 귀농할 마음은 늘 있었어요. 다만 그 시기를 보고 있었죠. 보통 40~50대에 하면 좋을 거라고 생각하잖아요. 그런데 가만 생각해보니까 그때 가서 농사일을 배우려면 몸이 너무 힘들 것 같은 거예요. 그리고 무엇보다 제가 잘하는 게 디자인이니까 좀 빨리 아버지 농사를 도우면 시너지 효과가 있겠다 싶어서 내려오기로 결심했죠.

그럼 도시에서 몇 년 사신 거예요?
10년 좀 안 돼요. 서울 생활을 하면서 느낀 건 정말 10년이 빨리 지나갔다? 그리고 나와는 안 맞는다.(웃음) 그냥 버틴 거예요. 제가 〈아일랜드〉라는 영화를 서른 번 정도 봤어요. 복제 인간들이 탈출하는 내용인데 일상이 답답할 때마다 봤거든요. 왜 그런가 했더니 입장이 비슷해요. 남들에 의해서 살아지고 있더라고요. 그런 것들에서 벗어나내가 제일 잘할 수 있는 일이 뭐가 있을까, 생각하니 의외로 가까운 데 답이 있더라고요. 농사와 브랜딩이요. 요즘은 직업 소개할 때 '브랜드파머'라고 해요.

아버지가 유기농 농사를 36년 정도 지으셨다고 했잖아요. 그때면 80년대 초반의 일인데, 유기농 농사가 인정을 받았나요?

그 당시엔 미친 사람 취급을 받았죠. 그래서 여쭤봤어요. 왜 하신 거냐고. 그랬더니 어머니 별명인 '쉬리' 말씀을 하시더라고요. 쉬리는 일급수 아니면 못 살잖아요. 저희 어머니도 농약을 조금만 쳐도 몸이 아프셨던 거예요. 보통 소비자들은 농약을 뿌린 작물을 꺼려하면서 사 드시긴 하잖아요. 사실 잘 닦기만 하면 큰 문제는 없어요. 그런데 오히려 농약을 치는 사람들에게는 안 좋은 거죠. 아버지는 먹고살자고 하는 짓인데 죽자고 할 순 없으니까 어머니 건강 때문에 유기농 농사를 시작하셨대요. 그때는 생태적인 문제로 접근했던 게 아니라 살려고 했던 거죠.

많고 많은 작물 중에 토마토를 선택한 이유가 있나요?

저희가 삼십몇 년간 토마토만 한 건 아니고 다양한 작물을 다 키워봤어요. 안 해본 게 없을 정도로요. 토마토가 괜찮은 이유는 일단 단위 면적당 생산량이 많아요. 예를 들어 무나 배추는 생산물 그 자체를 한 번에 수확하잖아요. 그런데 토마토는 한 줄기에서 열매가 여러 개 나오죠.

저는 아직까지 유기농 농산물의 특별한 맛을 경험해본 적이 없어요. 일반적으로 맛보다는 건강 때문에 먹는 것 같고요. 보약을 먹는 마음이랄까요?

제가 호주에 갔을 때 퀸 빅토리아 마켓이라는 곳을 구경했어요. 유기농 코너도 있다고 해서 가봤는데 규모가 엄청나게 크더라고요. 그리고 소비 순환이 아주 빨라 보였어요. 왜 그런가 했는데 먹어보니 확실히 맛이 있었어요. 유기농 농산물의 가장 큰 장점은 안정성은 기본이고 먹었을 때 맛있는 거

거든요. 그런데 우리나라 소비자들은 일반적으로 유기농 농산물이 맛이 없다고 생각해요. 당연한 거죠. 토양이 갖추어지지 않은 상태에서 농약만 안 치고 비료만 안 준 생산물, 쉽게 말해 영양실조 상태인 농산물을 먹으니까요. 물론 백 퍼센트 다 그런 건 아니지만, 제대로 농사하는 분이 적다 보니까 소비자들이 유기농 농산물의 맛을 잘 모르는 거죠.

사실 말로만 들어선 그래도팜의 토마토가 얼마나 맛있는지 잘 모르겠어요. 다른 곳과 비교했을 때 어떤 차이가 있을까요?

토마토뿐만 아니라 모든 농산물엔 향이라는 게 있고, 먹었을 때 식감이 중요하잖아요. 저희 기토 같은 경우는 향이 좀 센 편이에요. 보통 토마토에 질소가 많이 남아 있으면 뭐랄까 찝찝하고 더이상 먹기 싫은 느낌이 있거든요. 가끔 식당에서 후식으로 나오는 토마토는 5~6개도 채 못 먹을 때가 있잖아요. 그런데 저희 토마토는 청량감이 느껴지면서 당도가 높기 때문에 손이 계속 간다고 해야 할까요. 보통 다른 농장 토마토는 당도가 7~9브릭스인데 저희 토마토는 10~11브릭스 정도가 나와요.

당도 차이가 엄청나네요. 그 이유는 뭔가요?

맛이라는 게 여러 요소에 의해 작용하는데, 그중에서도 땅에 있는 아미노산이 많은 영향을 줘요. 그런데 그 아미노산이 필수 요소라기보다 미량 요소에 해당돼요. 그걸 먹냐, 안 먹냐에 따라서 작물의 맛과 향이 천지 차이가 나죠. 일단 아미노산을 품고 전달할 수 있으려면 땅이 살아 있어야 해요.

농부의 아들로 자랐기에 얻은 특별함이 있다면요?

일단은 같은 직업군이다 보니까 비교 대상이 있잖아요. 쉽게 말하자면 에디터님 어머니가 에디터인 거예요. 그러면 좋은 점이 있겠죠?

당연히 도움 받을 것도 많고. 저희 집은 웬만해서 크게 싸울 일이 없어요. 저는 아버지의 일인 농업을 인정하고, 아버지는 제가 하는 브랜딩을 인정해 주시고. 그러다 보니 상호작용하는 거죠. 물론 잔 싸움은 있죠. 청년 농부들 얘기 들어보면 부모님이랑 같이 일 못 하겠다고 해요. 인정도 안 해주시고 고집만 세시다고요. 저희 아버지는 유기농 관련 상도 많이 타시고 주변 사람들한테 인정도 많이 받으시는데도 여전히 겸손하세요. 이제는 소비자들이 기다렸다가 구매하는 정도인데, 이쯤 되면 장인이라 불러도 괜찮지 않냐고 여쭤보면 "농사는 많이 지어봐야 일 년에 두 번 짓는데 그래봐야 백 번도 못 지어보고 무슨 장인이냐!"고 하세요. 방망이를 깎아도 만 번은 깎아야 잘 깎는다는 소리를 듣는다면서요. 지금도 계속해서 새로운 걸 받아들이시려고 노력하세요. 운영한 지 얼마 안 되어도 잘한다는 얘기를 듣는 농장이 있으면 직접 찾아가 보시고요. 아버지께서 유연한 스타일이신 게 저한테 큰 도움이 되죠.

잠깐 보니까 동네가 유독 조용하더라고요. 주변에 추천해줄 만한 곳이 있나요?
가까운 곳은 아닌데 엄둔계곡이라고 있어요. 어렸을 때 거기에 있는 장수바위에서 자주 놀았어요. 어른들은 천렵川獵이라고 부르던데, 농사일 끝나고 계곡이나 강가로 소풍 가는 풍습이 있거든요. 갈 곳이 마땅치 않으니까 주로 엄둔계곡으로 놀러 갔어요. 조금 더 커서는 차가 없으니까 잘 못 갔고요. 그러다가 대학생이 되고 나서 문득 생각나는 거예요. 오랜만에 갔는데 여전히 신기하게 생겼더라고요.

♀ PLACE

엄둔계곡 장수바위 강원 영월군 무릉도원면 법흥리 / 033 370 2531
장수바위는 엄둔1교를 지나면 나오는 간이화장실 옆에 있다

조금 을씨년스러울 것 같긴 한데 이따 가보려고요.
네, 지금 가시면 좀 황량한 느낌일 거예요. 겨울이니까. 여름에 가면 그 분

ⓒ 임종길

위치가 좀 오묘해요. 숲에 둘러싸여 있는데 미끄럼틀 같은 둥근 바위가 있고…. 지금은 인근 도시 사람들도 많이 알더라고요. 옛날에는 마을 사람이나 몰래 들어갔지 원래 들어가지도 못하게 막아놨었어요. 그만큼 숨겨놓고 싶은 장소였던 거죠. 몇 년 전 같았으면 이렇게 소개도 못 했을 거예요. 왜냐하면 다른 사람들 다 숨기고 있는데 저만 얘기하면 배신이잖아요.(웃음)

여기 오기 전에 대표님이 추천해주신 섶다리에 가봤는데, 그 끝에 다방이 하나 있더라고요. 섶다방이라고.
사실 저는 처음에 섶다리를 보고 '뭐 이런 걸 만들어놨나' 했어요. 그런데 지난 연초에 가족들과 함께 가보고 난 후에 생각이 좀 달라졌죠. 다리를 건너서 섶다방에 앉아 차를 마시고 캠핑장에서 하루를 보내니 영월에도 이런 기분을 느낄 수 있는 곳이 있구나, 하는 생각이 들었어요. 이게 차에서 봤을 때랑 실제로 다리를 건너보니까 느낌이 상당히 다르더라고요. 섶다리는 일 년에 한 번씩 떠내려가요. 섶다방 주인 아저씨가 매년 만드시는 거예요. 그래서 모양이 매번 다르죠. 그나저나 아저씨 어땠어요? 재미나신 분이죠?

◉ PLACE
섶다리·섶다방 판운쉼터(강원도 영월군 주천면 송학주천로 2141) 앞에 있는 공터를 지나면 섶다리가 보인다. 섶다방은 그 건너편에 있다. 운영시간 문의 후 방문 / 장광수 010 8828 9108

네, 엄청난 캐릭터시던데요? 뭔가 투덜대면서 잘해주는 사람 있잖아요.
맞아요. 그분 좀 특이하신 것 같아요. 다방 자체도 그렇고요. 조그마한 공간인데 있을 건 다 있고, 심지어 겨울에 따뜻하더라고요. 따뜻한 대추차를 마신 덕분인지 난로 화력이 좋아서인지 모르겠지만. 아무튼 재밌는 곳 같아요. 주막 같은 분위기여서 나이 지긋하신 분들껜 추억이 되고 저희에겐 신선한 경험이 되는 것 같아요.

그리고 맛집으로는 백숙집 추천해주셨어요. 백숙은 상상도 못 했는데….
그 백숙집은 원래 주천면에서 가장 맛있는 자장면집을 하셨던 분들이 만든 거예요. 우

PLACE 실다방

연히 가족들이랑 가서 먹어봤는데 맛이 괜찮더라고요. 그런데 재미난 건, 얼마 전부터 중식 메뉴를 추가하셨다는 거예요. 짬뽕, 자장면, 탕수육 같은 거. 그러니까 식당에 가신다면 백숙보다는 본 전공인 중식을 드셔보길 추천합니다.(웃음)

♀ PLACE

가마솥 식당 강원 영월군 무릉도원면 무릉법흥로 316-4
033 372 9400 / AM 9:30~PM 8:00

마지막 질문이에요, 앞으로 그래도팜은 어떻게 변화할까요?
원래 농사를 짓고 유기농 대를 잇는 데 집중하려고 생각했지만, 지금은 소비자에게 정보와 이야기를 전하는 것이 더 중요하다는 생각이 들어요. 왜냐하면 저희가 생산하는 양은 전체로 봤을 때 퍼센티지로 측정할 수 없을 만큼 미미하잖아요. 그렇다면 누군가는 비슷한 질의 혹은 더 나은 질의 농산물을 만들면 좋은 거고, 또 유기농 농사를 짓는 분들이 늘어나면 새로운 비교군이 되는 거잖아요. 소비자들은 자연스럽게 유기농 농산물에 대한 이해를 넓힐 수 있겠고요. 만약 그렇게 되지 않는다면 알약 먹는 것과 별반 다르지 않은 생산물을 먹게 될 거예요. 이제 조금만 더 지나면 농사지을 사람도 몇 없을 거예요. 지금 오신 네 분 중에서도 농사지을 사람은 아무도 없잖아요.

미래는 모르는 일이지만···. 역시나 없을 것 같긴 하네요.(웃음)
사실 저도 농사를 짓는다고 했을 때 주변 사람들이 뭔 농사냐고 걱정을 많이 했어요. 그럼에도 누군가는 해야 할 것 같아서 한 건데 저는 농사짓는 천성이 아니더라고요. 농부는 되게 묵묵해야 하고 혼자 고독을 즐길 줄 알아야 하고 몸 쓰는 것도 즐겨야 해요. 그런데 저는 사람 만나서 떠드는 거 좋아하고 반짝반짝 튀려고 하는 스타일이에요. 그래서 방향을 튼 거예요. 아버지 같은 사람이 많이 생길 수 있게 전달자 역할을 하기로 한 거죠. 지금 책을 만드는 이유도 그 때문이에요. 젊은 농부들이 생길 수 있게, 또 소비자들이 정확한 정보를 알 수 있도록 도움을 주고 싶어요.

영월의 기억 속에서

3 SPOTS
IN SEUNG HYUN'S STORY

고향으로 돌아온 젊은 농부가 소개하는 영월은 과거와 지금의 이야기가 공존한다. 어린 시절 놀았던 계곡은 그의 말처럼 깊숙이 숨겨져 있었고, 최근 만났다는 섶다리 아저씨의 이야기는 흥미로웠다. 그가 마지막으로 추천해준 백숙집이 근처에서 가장 맛있는 자장면집을 운영하셨던 분들이 만들었다는 이야기까지 알고 나서는 반 정도는 영월 사람이 된 기분이었다.

01

01 엄둔계곡 장수바위

마을 사람들만 알던 비밀 공간. 여름에 가면 바위를 미끄럼틀 삼아 타며 색다른 피서를 즐길 수 있다.

02 섶다리 & 섶다방

예전부터 강을 건너기 위해 나무로 짓던 다리. 강의 수위가 높아지는 여름이면 쓸려 내려가 매년 가을에 다시 짓는다고.

03 가마솥 식당

백숙 전문점. 주천면에서 가장 맛있는 중국집을 하던 분들이 운영하는 덕분에 중식 메뉴도 맛볼 수 있다.

영월

TRAVEL

LOCAL **CURATOR**
천문학자 **이태형**

별의 여행

1989년에 《재미있는 별자리 여행》이란 책을 쓴 이후 30년 가까이 사람들에게 별과 별자리를 알리는 일을 해왔다. 그런 내게 사람들이 가장 많이 하는 질문은 '어디에 가면 별을 가장 잘 볼 수 있느냐'는 것이다. 사실 별을 보기 위해서는 도시를 벗어나 불빛이 적은 시골로 가야 한다. 하지만 혼자서 별자리를 찾기는 쉽지 않다. 더군다나 망원경을 직접 구입해서 별을 보러 다니는 일은 더욱 어렵다. 그런 이유로 나는 질문해 온 이들에게 '시민천문대'를 추천한다. 그곳에 가면 별자리에 대해 안내해줄 전문가와 망원경이 있기 때문이다. 영월엔 우리나라 시민천문대의 시작을 알린 '별마로천문대'가 있다. 산 끝자락에 자리한 천문대에서 아래를 내려다보면 빼곡한 산과 강이 보이며, 자연이 주는 풍요로움이 한눈에 느껴진다. 이렇듯 영월은 방랑하기 좋은 곳이다. 먼 옛날에 김삿갓이 그러했던 것처럼 겨울의 영월을 방랑해보는 건 어떨까. 그 꼭짓점과 꼭짓점을 잇는다면 나만의 지상 별자리가 완성될 것이다.

01

하늘과 더 가까이

별마로천문대

해발 800m인 봉래산을 굽이굽이 돌아 비탈진 산을 오르면 정상 부근에 별마로천문대가 있다. 사실 이곳은 천문대로 알려지기 전부터 패러글라이딩을 즐기는 사람들이 즐겨 찾던 곳이다. 낮에는 천문대 바로 옆 정상에서 패러글라이딩하는 모습을 자주 볼 수 있다. 그들의 모습을 보고 있으면 한 번쯤 도전해보고 싶다가도 막상 그곳에 서면 하늘에 몸을 맡길 용기가 사라진다. 그저 하늘과 가까운 곳에서 별들을 둘러보는 것으로 만족하기로 한다.

천문대에 들어가기 전, 먼저 정상에 올라 영월의 야경을 본다. 정상에서 서쪽으로 가파른 비탈면을 내려다보면 현기증이 느껴질 정도로 아찔하다. 하지만 밤이 되면 비탈의 위협은 사라지고 멀리 산 아래 펼쳐진 영월읍의 작은 불빛들이 마치 비행기에서 내려다보는 듯 아득하다. 가파른 산세로 인해 산 아래 만들어진 안개가 정상 부근까지는 올라오지 않는다. 짙은 안개 때문에 산 아래에서 천문대가 가려지는 날도 천문대에 오르면 종종 별이 보이곤 한다. 다만 봉래산 정상에는 바람이 무척 세게 불어 추운 날에는 오래 머물기 힘들다.

정상에서 내려와 바로 옆 천문대에 들어서면 실내의 따듯한 온기가 느껴진다. 천문대 3층에도 전망대가 있다. 하지만 그곳에서는 영월 시내의 불빛이 거의 보이지 않는다. 밤하늘의 별자리를 보기에는 전망대가 좋으나 산 아래를 전망하기에는 정상이 더 좋은 장소다.

별을 보는 망원경은 4층에 설치되어 있다. 4층에는 지름 80cm짜리 대형 망원경이 있는 둥근 주 관측실과 여러 대의 작은 망원경이 있는 직사각형의 보조 관측실이 있다. 날씨가 맑은 날은 금성이나 목성 같은 행성뿐 아니라 아주 멀리 있는 성운이나 성단 같은 희미한 천체도 볼 수 있다. 별을 좀 더 오래, 자세히 보고 싶다면 관람객이 많이 몰리는 주말보다는 평일을 이용하자. 그리고 한 가지 팁을 더 말하자면 달이 밝은 날보다는 달이 작거나 없는 날이 별을 보기엔 더 좋다.

사실 망원경으로 보는 하늘도 아름답지만 천문대 지하에 설치된 천체투영실에서 보는 가상의 하늘도 나름 운치가 있다. 밤하늘에 익숙하지 않은 사람들은 그곳에서 별자리 설명을 들은 후 4층으로 올라가기를 추천한다. 물론 4층에서 본 하늘을 이곳에서 다시 되새겨보는 것도 나쁘지 않다.

세상은 눈에 보이는 것이 전부가 아니다. 눈으로 볼 수 없는 세계가 훨씬 더 많다. 망원경은 그 세계를 알려준다. 우주가 얼마나 크고 얼마나 많은 별이 존재하는지 느끼게 해준다. 하지만 우리가 볼 수 있는 별은 우주의 아주 작은 일부일 뿐이다. 천문대는 별을 보는 곳이자 별을 느끼는 곳이다. 또한 우리가 살고 있는 지구가 얼마나 소중한 곳인지를 깨닫게 해준다.

그런데 왜 하필이면 영월에 첫 번째 천문대가 만들어졌을까? 그 시작은 1990년대 초로 거슬러 올라간다. 당시만 해도 관광객을 유치하겠다고 수십억 원을 들여 놀이동산을 만들던 시절이었다. 하지만 그렇게 지은 놀이동산 중 관광객 유치에 성공한 경우는 거의 없었다. 강원도를 찾는 가장 큰 이유는 맑은 물과 깨끗한 공기 때문이다. 강원도에서만 볼 수 있는 것, 그곳에 꼭 가야만 만날 수 있는 것, 그것이 바로 별이었다. 나는 〈태백〉이라는 강원도 지역 잡지에 별을 강원도의 관광상품으로 제안했고, 그 글을 읽은 영월군 공무원의 끈질긴 집념과 노력이 오늘의 영월 별마로천문대를 만들었다.

◊ PLACE

별마로천문대 운영시간 14:00~22:00(월요일 휴무) / 강원 영월군 영월읍 천문대길 397 / 033 372 8445 / 관람료 어른:7,000원, 청소년:6,000원, 어린이:5,000원
별마로천문대는 사전 예약제로 운행하고 있으니 사이트yao.or.kr:451에서 확인하자.

PLACE
별마로천문대 천체투영실
ⓒ 별마로천문대

TRAVEL | STORY
영월 | 이태형

📍 **PLACE** 청령포

운영시간 매일 09:00-17:00 / 강월 영월군 남면 광천리 산67-1 / 1577-0545
관람료 어른:3,000원, 청소년:2,500원, 어린이:2,000원

02

외딴 별이 되어버린 단종

청령포

영월은 조선 6대 왕인 단종이 유배되었다 묻힌 곳으로 유명하다. 매년 4월 마지막 주말에는 단종의 한을 달래는 단종제가 열린다. 그 무렵 저녁의 남쪽 하늘에서 가장 밝게 빛나는 별이 바로 사자자리의 으뜸별인 레굴루스다. 레굴루스는 우리말로 어린 왕을 뜻한다. 영월 별마로천문대의 개관을 기념하면서 나는 레굴루스를 '단종의 별'로 추천했고, 지금도 영월에서는 레굴루스를 단종의 별로 부르고 있다.

34번 국도를 타고 영월 IC를 나와 별마로천문대로 가는 길에 청령포가 있다. 청령포는 서강 어귀에 있는 작은 포구다. 영월의 동쪽과 서쪽을 흐르는 동강과 서강이 영월에서 합쳐져 남한강을 이룬다. 청령포에서 나룻배를 타고 서강을 건너면 그곳이 바로 단종이 유배되어 살던 곳이다. 당시 단종의 흔적은 홍수로 인해 모두 유실되었고, 후에 단종이 머물던 기와집인 단종어소를 복원해 지금까지 남아있다.

청령포를 찾을 때마다 그곳에 나무로 만든 섶다리라도 놓으면 어떨까 하는 생각을 하곤 한다. 불과 100m 남짓한 강을 나룻배로 건너는 것이 무척 불편하기 때문이다. 당시엔 단종을 백성과 격리하기 위해 배로 건너야 하는 곳을 유배지로 정했을 것이다. 단종을 몰아낸 세력들은 단종을 영월의 청령포 깊숙이 유배시켜놓고도 안심할 수 없었고, 결국은 사약을 내려 죽게 했다.

청령포에서 옛 모습을 그대로 간직하고 있는 것은 거의 없다. 600년 가까운 긴 세월을 견뎌낸 소나무 한 그루가 남아 있을 뿐이다. 천연기념물 제349호로 지정된 이 소나무는 당시 단종의 처량한 모습을 지켜보고 그 울음소리를 들었다고 하여 관음송觀音松이라 이름 붙여졌다. 물론 구전되어온 이 이야기가 사실인지 확인할 길은 없다.

03

방랑 시인의 기록

난고 김삿갓문학관

영월에 천문대가 세워진 이후 곳곳에 다양한 박물관과 전시관이 생겨났다. 이제 영월은 천문대 이외에 박물관의 고장으로도 유명하다. 그중 내가 가장 좋아하는 곳이 바로 방랑 시인 김삿갓문학관이다.

영월읍에서 88번 지방도로를 타고 고씨동굴 방향으로 약 20분 정도 가면 김삿갓계곡이 나오는데 10분 정도 더 들어가면 난고 김삿갓문학관이 있다. 2층짜리 작은 문학관에 김삿갓의 생애와 발자취에 대한 연구 자료들이 전시되어 있다. 사실 방랑 생활을 했기에 그가 시집 이외에 특별히 남긴 것은 거의 없다. 김삿갓박물관이 아닌 문학관이라고 이름 붙인 이유이기도 하다.

개인적으로 실내 전시실보다 야외에 설치된 시비들을 더 좋아한다. 넓은 주차장 주변 곳곳에 김삿갓 동상과 시구를 새긴 돌들이 전시되어 있다. 그곳에서 김삿갓이 쓴 해학과 풍자시를 읽으면 세상살이가 참 별거 아니라는 생각이 들어 김삿갓의 마음이 느껴지는 듯도 하다.

하늘과 구름과 별을 벗 삼아 세상을 유랑한 김삿갓, 비록 짧은 삶이었지만 수백 년 긴 세월 동안 비운의 어린 왕자로 기억되고 있는 단종, 삶이 힘들다고 느껴질 때 영월에서 단종과 김삿갓을 만나보고, 천문대에 올라 별을 바라본다면 그래도 한세상 살아볼 용기가 생기지 않을까 싶다.

♀ PLACE

난고 김삿갓문학관 운영시간 09:00~18:00(월요일 휴무) / 033 375 7900 / 강원 영월군 김삿갓면 김삿갓로 216-22 / 관람료 어른:2,000원, 청소년:1,500원, 어린이:1,000원

PLACE
살구나무집 운영시간 11:00~19:00(주말 휴무)
강원도 영월군 영월읍 영모전길24 / 033 372 4953

04

한겨울 숭늉의 따뜻함을 안다면

살구나무집

영월의 살구나무집을 찾은 건 우연이었다. 원래는 이태형 교수님이 추천해준 식당에 가려 했는데 어쩐 일인지 문이 닫혀 동네를 방황해야 했다. 우리는 배고픈 하이에나처럼 골목을 누비고 다녔다. 날도 몹시 추워서 아무 곳이나 들어가고 싶었는데 마침 한 친구가 아는 사람이라도 만난 것처럼 반갑게 한 가게를 가리켰다. 왜 이렇게 호들갑인가 했더니 언젠가 블로그에서 보았던 맛집이란다. 더 이상 돌아다닐 힘도 없었던 우리는 살구나무집으로 들어갔다.

가정집 그대로의 모습을 간직한 가게는 아늑했다. 중앙에 있는 난로를 지나 구석에 자리를 잡으니 사장님이 숭늉을 내어주었다. 뜨끈한 김과 함께 구수한 향이 피어올라왔다. 우리는 각각의 취향대로 청국장과 김치찌개를 시켰는데 국물 요리와 함께 열 가지가 넘는 반찬이 나왔다. 마치 생일상을 받는 느낌이었다. 호화스러웠다는 건 아니고 예전에 엄마가 해준 생일상처럼 다정하게 느껴졌다. 보들보들하고 삼삼한 꽃나물, 달짝지근한 연근 조림, 그렇게 손이 많이 간다는 잡채 등 어느 반찬을 집어도 맛이 좋았다. 주인아주머니 솜씨가 여간 심상치 않다 했더니 안양에서 오랫동안 식당을 운영했단다. 아주머니는 수줍게 이야기를 이어갔다. "남편이랑 10년 전에 영월에 놀러 왔다가 동네 분위기가 너무 좋아서 이쪽으로 와버렸어요. 평화롭고 조용하고…. 무엇보다 여기 사람들이 느긋해서 좋아요." 그렇게 살구나무집이 생긴 지 딱 5년 됐다. 평화로운 삶을 찾아 이곳으로 왔지만 평일 낮의 살구나무집은 자리가 없을 정도로 사람이 많다고. 하지만 부부는 알고 있는 듯했다. 평화의 반대말이 바쁨이 아니라는 것을. 식당을 소개할 때 잔잔히 웃는 그들의 표정을 보니 문득 그런 생각이 들었다.

별 볼 일 있는 날

ⓒ 서귀포천문과학문화관

대전 시민천문대 | 2001.05 개관

개관일을 기준으로 우리나라에서 가장 오래된 시민천문대. 일반적으로 별을 잘 보기 위해서는 해발이 높고 공기가 맑은 시골이 좋다. 대전 시민천문대는 도심에서도 쉽고 편하게 별을 관찰할 수 있는 곳이다. 개관 이후 현재까지 무료로 운영하고 있으며 전국에서 지리적인 접근성이 가장 좋다. 별을 보는 순간처럼 도시에서 잠깐의 휴식이 필요하다면 가까운 시민천문대를 찾자.

서귀포 천문과학문화관 | 2006.06 개관

대한민국 가장 남쪽에 있는 천문대. 서귀포 천문과학문화관에 가면 우리나라에서 가장 많은 별을 볼 수 있다. 또한 이곳은 무병장수를 상징하는 별인 '노인성Canopus'을 관측하기에 최적의 장소다. 노인성은 밤하늘에서 두 번째로 밝은 별인데, 1년 중 2~3월, 그것도 하루에 한 시간가량만 볼 수 있다고 하니 특별한 별을 보고 싶다면 이 시간에 맞춰 일정을 짜보자.

© 서귀포천문과학문화관

관람을 위한 TIP

01 별똥별을 보고 싶다면

3대 유성우가 내리는 기간에 맞춰 가까운 천문대를 방문해보자. 별을 보기에 최적인 장소에서 쏟아져 내리는 별똥별을 관측할 수 있을 것이다.

3대 유성우
사분의자리 유성우 / 1월 중
페르세우스 유성우 / 8월 중
쌍둥이자리 유성우 / 12월 중

02 생일 별자리를 보고 싶다면

생일에 따라 자신의 별자리도 바뀐다. 태어난 날 가장 잘 보이는 별자리를 생일 별자리라고 생각하기 쉽지만 그렇지 않다. 생일 별자리는 태어난 시기에 태양이 있는 위치에 뜬 별자리로 정해진다. 그렇기 때문에 태어난 달에는 자신의 생일 별자리를 볼 수 없다. 만약 자신의 별자리를 직접 보고 싶다면 생일과 정반대인 계절에 천문대를 찾아가자.

TRAVEL | 경월
STORY | 이태영

천문학자 이태형

오십이 넘은 나이지만 인간은 잠시 지구에 머물다 가는 어린왕자라고 믿는 낭만주의 천문학자다. 1989년에 《재미있는 별자리 여행》이라는 우리나라 최초의 별자리 전문 안내서를 출간했고, 1998년엔 국내 최초로 소행성을 발견하여 '통일'이라는 이름을 붙였다. 영월과 대전, 김해 등 우리나라 최초의 시민천문대 설립을 제안하고 기획했다. 지금은 어쩌다 보니 땅박사가 되어 대학에서 도시계획 및 부동산학을 강의하고 있지만, 여전히 라디오와 티브이 등에 나와 별과 우주에 대한 방송을 하고 있으며, 세계 곳곳을 누비며 별 보는 일도 계속하고 있다.

별 박사와 함께하는 여행

4 SPOTS
IN TAE-HYUNG'S STORY

지역 잡지 기고글을 시작으로 별마로천문대 설립을 돕게 된 천문학자 이태형. 그가 직접 소개하는 별마로천문대의 이야기와 레굴루스라는 별에 단종의 별이라는 이름을 붙인 사연을 듣다 보면 어느새 큰 망원경에 눈을 대고 별을 보고 싶은 마음이 든다.

01

02

01 별마로천문대

이태형 교수는 별마로천문대가 별을 보기 위한 최적의 장소라고 강조했다. 전문가의 추천이니 믿고 방문해보자.

---

02 청령포

단종의 유배지였던 작은 섬. 슬픈 이야기를 담은 장소라서일까. 맴돌며 흐르는 강과 소나무 숲이 왜인지 처량해 보인다.

---

03 난고 김삿갓문학관

김삿갓의 생애를 담은 장소. 그의 시구를 찬찬히 보고 있으면 과거와 현재를 방랑하는 기분이 든다.

---

04 살구나무집

모두가 인정하는 최고의 백반집. 명함에 당근이 그려져 있다고 당황하지 말 것. 살구를 찾다 지쳐 비슷한 당근을 넣은 것이니까.

MARKET

단양
구경시장

두 남자가
시장에서 발견한 것들

두 남자가
시장에서 발견한 것들

MARKET

전통시장 도슨트 **이희준**
어반비즈서울 대표 **박 진**

때는 1월, 전통시장 도슨트와 도시 양봉 전문가가 만났다. 단양의 특산품인 육쪽마늘과 소백산 꿀을 살펴보기 위함이었다. 그러나 마늘은 수확 시기가 한참 지난 터라 마늘 거치대마저도 텅 빈 상태였고, 꿀은 그 어디에도 보이지 않았다. 그럼에도 두 남자는 뭐가 그리 재밌는지 단양구경시장을 구석구석 누비고 다녔다. 만두도 먹고, 순댓국도 먹고, 궁금한 게 있으면 상인들과 얘기도 나눴다. 그러다 창고 앞 마늘 몇 단과 옷가게에서 자그마하게 팔고 있는 꿀을 발견했다. 상황이 영 엉뚱했는데 두 남자는 마늘과 꿀에 대한 이야기만으로 소백산에서 지리산까지 다녀왔다. 주부 프로그램을 보는 것처럼 묘하게 집중되는 시간이었다.

전통시장 도슨트 **이희준**

1,000여 곳이 넘는 전통시장의 역사와 상인들의 철학, 그리고 특화된 상품 이야기를 기록하고 있다. 다양한 매체를 통해 전통시장의 이야기를 알리고 있으며, 저서로는 《시장이 두근두근》이 있다. 2016년 7월부터는 전국의 방앗간을 돌면서 몇몇 장인과 함께 건강한 국내산 참기름을 만드는 프로젝트를 기획하고 있다.

어반비즈서울 대표 **박 진**

도시가 싫지만 그럼에도 도시를 떠나지 못하는 마음을 달래고자 도시 양봉에 관심을 갖기 시작했다. 그리고 그 관심은 어느새 업이 되어 2013년에 '어반비즈서울'이라는 이름이 생겼다. 사회적 기업인 어반비즈는 현재 서울, 수원, 인천 등 6개의 도시에서 30곳의 도시 양봉장을 운영하고 있다. 벌과 사람이 공존하는 달콤한 도시를 만드는 것이 목표다.

01

석회암과 마늘의 끈끈한 관계

누군가 시장을 보면 그 지역을 알 수 있다고 했다. 시장 안엔 현지인의 생활방식과 지역의 특징이 묻어나 있기 때문. 그렇다면 단양구경시장의 특징은 무엇일까? 눈썰미가 있는 이라면 시장에 유독 '마늘'이 들어간 간판이 많다는 사실을 발견할 것이다. 그렇다. 단양은 마늘로 유명하다. 하지만 서산이나 의성도 마늘로 유명하다. 단양 마늘이 그들과 다른 점은 무엇일까?

단양은 일찍이 시멘트 산업이 발달했다. 석회암지대로 이뤄진 곳이 많아서인데, 이러한 토양이 단양의 우수한 마늘을 탄생케 했다. 약산성 황토밭에서 자란 단양의 육쪽마늘은 다른 마늘에 비해 맛과 향이 독특하고 매운 편이다. 또한 알이 단단해서 오래 저장할 수 있다고.

한창 마늘을 수확할 시기인 6월 중하순엔 재밌는 광경을 볼 수 있다. 시장 거치대에 주렁주렁 매달린 마늘단이 그 주인공이다. 알싸한 향을 풍기며 압도적인 비주얼을 보여준다. 11월 초만 되어도 그 모습을 볼 수 없지만 너무 실망할 필요는 없다. 맛으로 기억하면 되니까. 마늘이 들어간 고기만두, 떡갈비, 순대, 크로켓, 통닭, 어묵 등의 먹거리가 겨울 시장을 가득 채우고 있다.

♀ PLACE 단양구경시장

충북 단양군 단양읍 도전5길 31 / 043 422 1706
상가건물형의 중형 시장으로 매월 1, 6으로 끝나는 날 오일장이 선다.

02

단양에 왔으면 마늘

시장 구석구석을 누비며 찾은 맛집들

마늘 고기만두 & 마늘 김치만두

엄마네식당 만두는 피가 얇고 쫄깃한 게 특징이다. 다른 만두와 다른 점이 있다면 마늘이 넉넉히 들어갔다는 것. 고기만두에서 은은한 마늘 맛이 난다면 김치만두에선 김치 맛과 함께 마늘의 알싸한 맛이 느껴진다. 냉탕과 온탕을 오가는 매력이랄까? 또한 찜기에서 갓 꺼내어 촉촉하고 부드러운 식감이 일품이다. 너무 맛있어서 여덟 개가 들어 있는 한 판이 좀 적게 느껴질 정도. 고기만두, 김치만두 외에도 새우만두가 있는데 어린 아이들에게 인기 만점이다.

흑마늘빵

경주 황남빵, 천안 호두과자, 안흥 찐빵 그리고 제주 서귀포매일올레시장에 돌하르방빵이 있다면 단양구경시장엔 흑마늘빵이 있다. 이름은 낯설지만 한입에 쏙 들어가는 크기와 동글동글한 마늘 모양이 귀엽다. 그러나 맛은 좀 진중한 편. 달달한 단팥에 밴 흑마늘 향이 제법 그윽하다. 입이 심심할 때 건강한 주전부리로 제격이다.

원시인 마늘 떡갈비

원시인 마늘 떡갈비는 만화에 나오는 원시인처럼 뼈를 잡고 고기를 뜯어 먹는 재미가 있다. 전통시장에서 떡갈비를 파는 경우는 많지만 뼈째 구워주는 곳은 여기가 유일하다. 생각보다 마늘 향이 강하지 않아서 아이가 먹기에도 좋고, 주문을 하면 바로 숯불에서 구워주기 때문에 깊은 불향을 느낄 수 있다. 혹여나 기다리는 시간이 지루하다면 사장님이 직접 기획한 트릭아트를 둘러보기를. 어설픈 트릭아트를 보고 있으면 기분 좋은 미소가 지어진다.

마늘 순댓국

단양구경시장에서 꼭 먹어봐야 하는 딱 한 가지 음식을 추천한다면 망설임 없이 마늘 순댓국을 선택하겠다. 순댓국을 먹을 때 가장 중요하게 여기는 부분이 국물인데, 마늘 순댓국의 국물은 진하기보다 맑다. 그래서인지 질리지 않고, 다 먹은 후에는 기분 좋은 포만감이 몰려온다. 마늘이 송송 박힌 순대는 쫄깃하고 소금, 쌈장 등 어느 소스를 찍어 먹어도 다 맛있다. 혹시 혼자라도 걱정하지 마시길. 합리적인 가격에 다양한 순대 요리를 즐길 수 있는 솔로 세트가 있고, 연인과 가족을 위한 세트도 준비되어 있으니.

흑마늘 누룽지 닭강정

누룽지를 전문으로 연구한 사장님이 누룽지와 닭강정을 합쳤다. 여기에다 오랜 시간 숙성 후 말린 흑마늘을 넣어 화룡점정을 찍었다. 그리하여 만들어진 이름도 긴 흑마늘 누룽지 닭강정. 고소한 누룽지와 매콤한 닭강정의 조화는 한 번 먹기 시작하면 멈출 수 없을 정도로 중독성이 강하다. 이곳은 한 마리 단위로만 판매하는데 양이 많을 것 같다고 미리 걱정하지 말자. 평소보다 더 많이 먹는 당신을 보게 될 것이다.

03

건강한 육쪽마늘 고르기

단양의 육쪽마늘은 6월 중하순부터 출하되어 11월까지 보관이 가능하다. 만약 6월에 마늘을 구입할 예정이라면 건조대에 걸려 있는 마늘을 선택할 것. 마늘은 수확한 뒤 반드시 말리는 과정이 필요한데, 다른 지역에서는 마늘을 세워두는 형식으로 말린다면 단양에선 마늘을 걸어두는 식으로 말린다. 한마디로 건조대에 있는 마늘은 수확한 지 얼마 안 된 신선한 상태를 뜻한다.

TIP 육쪽마늘 제대로 고르는 법

① 크기와 모양이 균일한 것이 좋다.

② 표피가 담갈색인 것이 좋다.

③ 통마늘을 손으로 들었을 때 묵직한 것이 좋다.

⑤ 수염 뿌리가 붙어 있고, 속껍질이 잘 벗겨지지 않는 것이 좋다.

04

시장 구석의 아까시꿀

꿀은 꽃꿀Nectar을 꿀벌이 가져와 꿀Honey로 바꾼 상태를 말한다. 동종의 꽃에서 난 꿀이라도 생산된 지역에 따라 맛이 모두 다르다. 흔히 아까시꿀, 밤꿀, 유채꿀 등 단일종의 이름을 가진 꿀은 한 가지 꽃에서 얻은 꿀이라 생각하기 쉽지만 정확히 말하면 그렇지 않다.

아까시꽃이 피는 5월을 상상해보자. 아까시나무 주변에 아까시꽃 외에도 수많은 다른 꽃이 피어 있고, 꿀벌들은 그 수많은 꽃에서 꿀을 가져온다. 아까시꿀은 절대량에서 아까시꽃의 꿀이 가장 많아 붙인 명칭이지, 100% 아까시꽃으로부터 얻은 꿀이 아니다.

바꿔 말하면, 지역마다 피는 꽃이 다르기에 아까시꿀도 지역마다 다른 맛을 지닌다. 소백산의 아까시꿀, 지리산의 아까시꿀, 서울의 아까시꿀 모두 맛이 다른 것이다. 이렇다 보니 해외에서는 우리나라에서 잡화라고 하는 꿀의 이름도 '밤+헛개', '아까시+유채'와 같이 들어간 꽃나무의 이름을 모두 언급하는 경우도 있다. 특히 이탈리아에는 꿀맛만 전문으로 평가하는 '허니 소믈리에'도 있다.

단양구경시장의 아까시꿀이 다른 아까시꿀보다 조금 더 색깔이 짙은 이유도 그 안에 든 꽃의 성분이 달라서 그렇다. 꿀은 단순히 당류로만 구성된 게 아니다. 이 외에도 미량의 꽃가루, 프로폴리스, 미네랄, 비타민 등이 함유되어 있어 설탕 등의 당류와는 차이를 보인다.

꿀과 관련된 꿀팁

01

봄철 꽃가루 알레르기가 있는 사람은 사는 지역에서 생산된 꿀을 먹는 게 좋다. 그 꿀에는 꽃가루가 함유되어 있기 때문에 예방주사를 맞은 듯한 효과를 볼 수 있다. 소백산 주변에 거주한다면 소백산 꿀을 드시길 권한다.

02

국내에는 아카시아꿀이 없다. 오직 아까시꿀만 있다. 우리나라에 자생하는 나무의 이름은 아카시아열대 자생종, 미모사아과가 아닌 아까시나무장미목 콩과다.

BRAND

단양의 소금
영월의 차

지역을 담아
제품을 만드는 사람들

BRAND 01

LOCAL PLAY **KIT**
단양 / 금수레

소금은 소금이니까

여기, 소금 앞에서 정직한 남자

단양의 도자기 마을에서 10년째 소금을 굽는 사람이 있다. 커다란 하마 같은 가마를 돌보며 소금을 넣고 굽고 식힌다. 돈을 많이 벌고자 금수레라는 이름을 지었는데 이제는 소용없어졌다. 돈을 못 벌어서가 아니라 돈보다 중요한 소금의 가치를 알게 돼서다. 이것은 어느 미련하고 정직한 남자의 이야기다.

민망하시겠지만 간단한 자기소개 부탁드려요.

민망하긴 왜 민망해? 내 이름 이학주고, 소금 굽고 있수다. 원래 막노동도 하고 출판사도 하다가 여기 시골로 와서 소금을 굽기 시작했지. 그런데 또 뭘 얘기해야 하나.

대표님이 스스로를 미친놈이라고 그랬잖아요. 왜 미친놈인지 편하게 설명해주시면 돼요.

이런, 당신 나이가 몇 살이야?(웃음)

아유, 저 대표님 아들보다 조금 더 많습니다.

그래? 우리 아들 얼굴 봤어? 이거 사진 좀 봐봐.

엄청 잘생겼네요.(웃음) 다시 소금 얘기해도 돼요? 금수레의 뜻이 궁금한데 사이트에도 안 나와 있더라고요.

골드가 뭐야, 금! 카트는 뭐야, 수레잖아! 그러니까 수레 위에 금을 싣고 간다는 뜻이지. 옛날에는 소금이 금이었어. 금값이었거든. 당시엔 국가에서 인삼만 관리한 게 아니고 소금도 관리했어. 소금 공급이 없으면 전쟁도 못 했어. 옛날에 스페인 같은 데 보면 임금 대신 소금을 줬단 말이야. 아직까지도 티베트 사람들은 산 넘고 해서 소금 구하러 다니잖아. 왜냐, 짐승에게 안 먹이면 죽거든.

멀쩡한 소금은 왜 굽게 된 거예요?

내가 몸이 아팠을 때 인적 드문 시골을 찾고 있었는데 우연찮게 본 이 동네가 400년 된 도자기 마을이었던 거야. 근데 도자기 가마가 매일 놀아. 일 년에 한두 번 떼고 계속 쉬고 있더라고. 그래서 저기다 소금이나 굽자 해서 시작하게 됐지. 내가 막 시작할 때만 해도 소금은 식품이 아니라 광물질이었어. 한마디로 광업이었지. 알고 있어?

아니요. 몰랐어요.

그런 걸 두드려보고 왔어야 하는 거 아니야! 식품이 된 지 한 6년인가 됐어. 그때만 해도 구운 소금이 많이 없었지.

처음 일 시작했을 때 시행착오는 없었나요?

왜 없어. 처음에 소금을 굽는데 계속 잿빛으로 나오는 거야. 이해가 안 갔지. 분명 하얀 소금을 넣었는데 회색으로 나오니까. 그래가지고 계속 실험기관에 의뢰했어. 마침 우리 직원들 중에 미생물학과 출신이 많았거든. 알아보니까 그게 이물질이었어. 불을 때다 보면 그을음이 생기는데 그게 카본이야. 잿빛으로 나오는 게 그것 때문이었던 거지. 그게 언제 사라지는지 궁금해서 몇 도에 소금이 변하는지 중간중간 확인을 했어. 우리가 800℃에서 소금을 익히는데 300℃일 때 물을 끼얹어서 어떻게 됐나 보고, 또 500℃에서도 똑같이 확인해보고 그랬어. 그러다가 알게 됐지. 600℃가 되면 카본이 날라가는구나, 하고.

그럼 그때 하얗게 돌아오는 거네요?

그렇지. 바다가 오염돼 있다 보니까 천일염에도 수은, 비소, 카드뮴 같은 게 많이 함유되어 있는데, 기화되는 온도를 알아내서 결국엔 다 날려버리는 거야. 무슨 보약을 만들려고 굽는 게 아니라 본연의 짠맛, 본연의 소금 맛을 내려는 거지. 다른 소금들 보면 1600℃에 구웠네, 2000℃에 구웠네 어쩌고저쩌고 광고하잖아. 나한테도 사람들이 매번 물어보는 게 이거야. "몇 번 구웠습니까, 몇 도에 구웠습니까?" 근데 중요한 건 그게 아니야. 이건 만 번을 구워도 염화나트륨이야.

소금은 소금이다?

소금이 다이아몬드가 되고 진주가 돼? 그냥 식품인데. 그리고 소금의 융점은 800℃인데, 800℃가 되면 액체로 변해. 900℃가 되면 다 기화가 돼서 빈 그릇으로 나오지. 그러니까 1600℃에서 구웠다는 건 잘못된 거지. 그건 소금을 굽는 게 아니고 용광로 같은 데서 끓이는 거야. 부글부글 끓이고 식히고 깨서 만든 소금. 그건 녹인 소금이라고 해야지. 소금은 소금의 본질이 있어. 짠맛! 염소와 나트륨의 집합 결정체라고! 그런데 그걸 갖다가 만병통치약으로 광고하고 그러면 안 된다고. 소금은 그저 하나의 조미료야.

예전에 염전 관련 책에서 좋은 소금의 기준이 미네랄 함유량이라는 내용을 봤어요. 대표님이 생각하시는 좋은 소금의 기준은 무엇인가요?

좋은 계절에 좋은 바람을 만났을 때 탄생한 소금. 소금을 만들 때 태양도 중요하지만 바람도 굉장히 중요해. 그리고 계절이 중요하지. 태양과 바람이 완벽한 시기는 5~6월이야. 그리고 그것보다 더 중요한 건 청결. 무조건 깨끗하게 만들어야 해. 먹는 것이기 때문에 장난을 치면 안 돼.

그럼 금수레는 어떤 소금을 사용하나요?

비금도에서 가져오는 거야. 염전에 가면 증발지가 있고 저장고가 있어. 바다의 염도는 0.5도 정도밖에 안 돼서 증발지에서 27도까지 올려야 해. 그다음에 저장고로 올라가는 거지. 그 이후엔 소금을 만든 곳을 깨끗이 청소하는 게 중요해. 그런데 대부분 염전에선 바닷물로 청소한단 말이지. 나는 바닷물보다 민물로 청소해야 한다고 생각하는 사람이야. 그래서 청결한 염전을 찾는 데 시간이 오래 걸렸어. 한 2년 걸렸나? 내가 김종기라는 사람한테 소금을 받아 쓰는데 처음 거기 가봤더니 대단했어. 다 논바닥인데 염전이 딱 하나야. 아버지 때부터 이어져왔다고 하더라고. 창고에 가보니 소금도 굉장히 깔끔했어.

어반플레이와 함께 마늘소금을 소개하기로 했잖아요. 마늘소금의 탄생 계기와 과정이 궁금해요.

내가 무슨 실험정신이 투철해서 만든 게 아니라, 여기가 단양 아니야. 단양은 마늘이 유명하고. 그래서 마늘소금을 한번 만들어보자, 해서 만든 거야. 마늘을 구워보니까 잘 안 깨지는 거야. 프라이팬에 마늘 구우면 금방 딱딱해지듯이 말이야. 그런데 황토방에서 3일을 구우니까 되더라. 내가 만들었지만 맛있더라고. 왜냐하면 우리 마늘소금에는 마늘이 20% 들어가 있거든. 시중에 나온 것들 보면 영 점 몇 퍼센트 들어가 있거나 향을 첨가한 정도야.

마늘소금과 궁합이 가장 잘 맞는 음식은 뭘까요? 역시 고기일까요?

삼겹살. 그리고 샐러드 만들 때 올리브유 넣기 전에 솔솔 뿌리면 진짜 맛있어.

금수레를 운영하면서 가장 뿌듯했던 점이 뭐예요? 힘들었던 점은요?

힘든 건 돈이 안 돼서 힘들고, 뿌듯했던 건…. 당신, 질문 잘했다. 나는 있지, 팔기도 싫을 정도로 이 소금이 마음에 드는 거야. 소금을 구워서 꺼낼 때 보면 얼마나 아름다운지 몰라. 당신네들이 원래는 3일을 촬영해야 해. 맨 처음 소금을 넣는 과정, 가마에 굽는 과정, 그리고 꺼내는 과정을 다 담는 게 맞지. 그래야지 독자들이 '아, 이 새끼 올바른 새끼네' 이럴 수 있는데 말이지. 내가 진짜 올바른 놈이야.(웃음) 그렇잖아. 누군가 이걸 먹는다고 생각하면 진짜 잘 만들 수밖에 없어.

계속 불 앞에서 일해야 하잖아요. 겨울보다 여름에 일하는 게 더 힘드시겠어요.

봄, 여름, 가을, 겨울 할 것 없이 다 힘들어. 넓게 보면 세상살이가 다 힘들잖아. 왜 자꾸 힘든 거 물어봐. 여기 안 힘든 사람이 있어?

저도 지금 참 힘드네요.(웃음)

그렇지? 세상 사는 게 힘든 거야.(웃음)

소비자들이 소금을 맛보고 어떤 걸 느꼈으면 해요?

"아, 이 소금 정말 맛있다." 주문 전화는 무조건 내가 받거든? 그러면 "이 소금 정말 맛있다", "이 소금 먹다가 다른 소금 못 먹겠다"는 얘기를 많이 들어. 그리고 그렇게 말한 고객들이 10년이 지난 지금까지 이어지고 있고. 난 그거에 보람을 느끼는 거야. 제일 신나고 기분이 좋아. 그래서 매일 더 좋은 소금을 만들기 위해 연구하는 거지.

소금 모아둔 데가 따로 있다고요?

응, 저기 산 밑에 있어. 이따 가볼 거야? 오늘 눈이 와서 많이 미끄럽긴 할 텐데 한번 보고 가. 아주 경치가 죽여. 그리고 된장국 잘하는 데 있으니까 그것도 먹고 가고. 내가 사줄 거란 생각은 하지 말고. (후일담이지만 결국엔 이학주 대표가 냈다.)

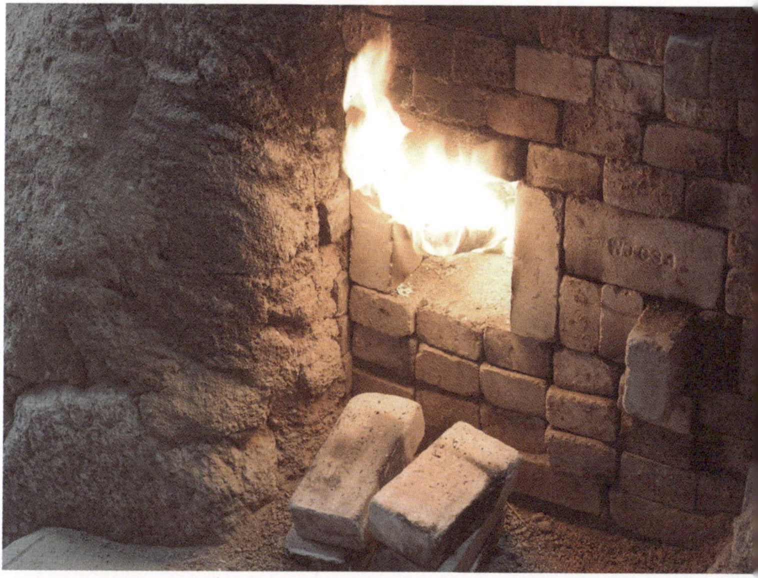

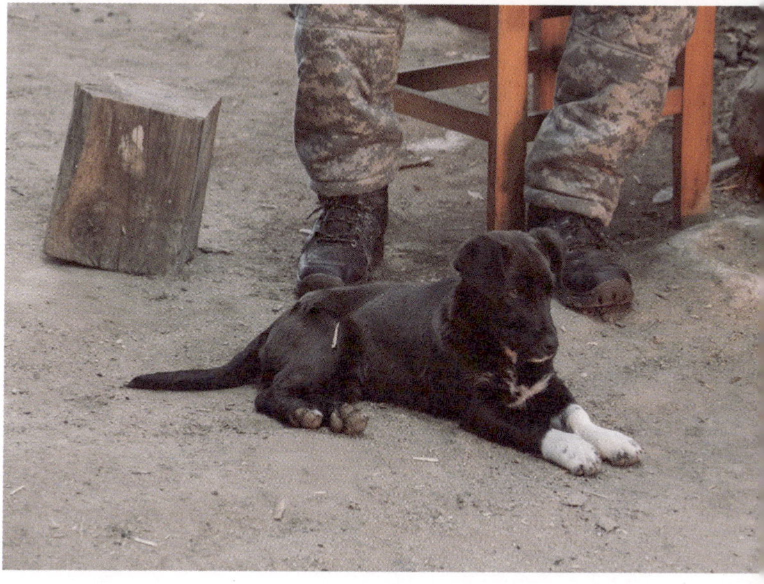

그러니까 이학주 대표는 욕을 참 많이 하는 사람이었다. 그 욕이 불쾌했던 건 아니고 도리어 유쾌했다고 하면 이상하려나. 녹취를 푸는 내내 인터뷰 반, 욕 반을 들으며 나도 모르게 실실 웃어댔다. 아마 그 모습을 봤다면 뭘 또 싱겁게 웃고 있냐며 시원하게 쏘아주었을 테다. 그는 거대한 농담 뒤에 자그마한 진심을 두고 얘기했다. 영락없는 한국 사람. 왜, 한국 사람 말은 끝까지 들어봐야 한다는 얘기가 있지 않은가. 그와의 긴 대화 끝엔 '얼마만큼 결백한 태도로 일하는가'가 중요하게 됐다. 그는 딱 600℃의 마음으로 소금을 굽는 게 아니었을까. 불순물이 사라진 자리엔 정직만이 남아 있다.

BRAND　　　　02

LOCAL PLAY **KIT**

영월 / 든해

영월의 어떤 찻집

차※와 시간의 균형을 맞추는 남자

든해는 젊은 남자가 운영하는 찻집이자 펜션이다. 천장이 높고 여백이 많은 한옥에서 그는 혼자 차를 만들고 차를 내린다. 신중하고 느린 그 손동작을 보고 있으면 한쪽으로 치우친 시간의 균형이 맞춰지는 기분이다. 차를 대하는 태도만으로 차의 맛을 짐작할 수 있다고 할까? 그것은 높이나 부피에 관한 이야기가 아니다. 깊이의 이야기다.

안녕하세요, 본인 소개 부탁드려요.

안녕하세요, 한옥아트스테이 '든해'의 대표 박성휘입니다. 대학에서 국악을 전공하고 이후에 유라시아 아트 컴퍼니Eurasia Art Company라는 단체를 만들어서 음향악을 기반으로 악기 개발과 연구, 문화 예술 관련 활동을 하고 있어요. 든해도 그 일환이고요.

여러 장르의 음악이 있잖아요. 그중에서도 국악을 선택한 계기가 있어요?

어릴 때부터 음악을 좋아하긴 했는데 실제로 하게 될 줄은 몰랐어요. 직업을 선택하는 데 있어서 우연히 맞닿아지는 결과물이 있잖아요. 제 경우에는 사물놀이를 만드신 김덕수 선생님의 공연을 보고 음악을 시작하게 됐어요. 그게 중학교 3학년 때 일인데, 예고에 진학하기엔 한참 늦은 시기였지만 너무 흠뻑 빠져서 그냥 무작정 달려가버렸죠.

든해가 생긴 지 이제 막 일 년 됐어요. 어쩌다 찻집과 숙소를 함께 운영할 생각을 했나요? 그 시작이 궁금합니다.

우선 든해는 시작할 때부터 문화 공간이라는 명확한 목표가 있었어요. 영월은 아름다운 곳이지만 문화 예술을 향유할 수 있는 공간은 적은 편이거든요. 그래서 공간을 구성할 때 휴식과 차에 중점을 두었어요. 하루 묵으면서 문화 예술을 즐기고 또 차 한잔할 수 있는 공간이면 좋겠다 싶었죠.

하필 '차茶'를 선택한 이유도 궁금하군요.

국악을 전공하다 보니 아무래도 우리의 전통과 사상에 관심이 많았어요. 전통 다도를 하다 보면 마지막에 우린 가장 맛있는 차를 손님에게 드리거든요. 음악으로 따지면 예악禮樂의 사상과 대동소이한 부분이죠. 전 그게 마음이라고 생각했어요. 상대를 아끼고 위하는 마음이 담긴 한 잔. 커피보다는 차가 적합하다고 생각했습니다.

그러나 우리나라 사람들은 커피를 더 많이 마시잖아요. 다수의 취향을 따를 필요는 없지만 아예 무시할 수 없는 부분이기도 하죠.

맞아요. 커피가 너무 대중적이다 보니까 주변에서도 커피를 안 파는데 수익이 나겠냐며 걱정을 많이 했어요. 그런데 제 생각은 좀 달랐어요. 차의 역사는 오래되었지만 아직까지 우리와 친숙하지 않아서 만들어진 목적과 다른 방향으로 흘러갈 가능성이 크다고 생각했어요. 그래서 아예 커피를 빼고 차를 제대로 알리는 데 집중한 거예요. 지금 생각해도 그 선택은 옳았던 것 같아요. 앞으로도 차만 판매할 예정이에요.

든해에선 어떤 기준으로 차를 선택하나요?

맛과 향 모두 중요하지만 무엇보다 '공정무역'으로 들어온 차인지, 아닌지가 중요해요. 우리가 소비하는 것 중에는 불공정무역을 통해 생산되는 것이 아주 많거든요. 커피와 초콜릿처럼요. 그리고 차도 있죠. 앞서 말씀드렸듯 차를 선택하게 된 가장 큰 이유는 사람을 위하는 마음이 담겼기 때문인데, 노동자의 고통을 통해 생산되는 차를 이 공간에서 소비한다는 건 말이 안 되는 거죠.

몇 년 전 북촌에 있는 찻집을 인터뷰한 적이 있어요. 그때 대표님이 말씀하시길, 좋은 차의 기준은 "공정무역을 통해 정당한 대가를 받은 차"라고 하더라고요.

아, 정말 공감합니다. 최근 인도의 다르질링 지역에서 노동자와 농장주 간의 갈등으로 파업이 일어났거든요. 그러면서 다르질링이라는 훌륭한 차가 생산에 차질을 빚고 있어요. 안타까운 일이죠. 차는 마시는 사람의 입장에선 한잔의 향기로움일 수 있으나, 생산하는 사람의 입장에서 보면 노동 착취의 결과물일 수가 있거든요. 사실 이곳에서 공정무역을 통해 소비되는 차의 양은 많다고 볼 순 없지만 작은 한 걸음이 되리라고 생각합니다.

블렌딩 차를 직접 제조하시잖아요. 블렌딩 과정에서 가장 중요하게 생각하는 부분이 뭔가요?

생각한 이미지를 어떻게 차 한잔에 담아낼 것인가가 중요합니다. 그렇기에 맛의 그림을 그리는 재료 간의 조화가 중요하죠. 비율도 생각해야 하지만 조화를 이루려면 각 재료가 가진 특징을 명확히 이해해야 합니다. 문제는 재료의 특징을 안다고 해서 완벽한

조화를 이루는 건 아니라는 거예요. 때론 블렌딩 재료가 가진 특징이나 맛과 향을 일부러 떨어뜨려야 하는 경우도 있거든요.

대표님이 가장 만족스러웠던 블렌딩 차가 궁금합니다.
음, 개인적으로는 프루티진저라는 차예요. 지금 바로 앞에 있는 건데요, 제가 처음으로 블렌딩을 시도한 차예요. 이름에서 알 수 있듯이 생강을 사용했어요. 은은한 알싸함이 특징인데 생강이 혼합된 일반 제품보다 꽤 많이 들어간 편이에요. 주로 차 한 잔 우릴 때 사용하는 총 재료가 3.5g 정도거든요. 이 차에는 생강만 2g 정도가 들어갔어요. 그럼에도 독하지 않은 이유는 맛과 향을 줄이는 가공을 했기 때문이에요.

어제 마신 차도 맛있던데요. 이름이 뭐였죠?
스트로베리크림슨이요. 설탕을 전혀 사용하지 않았어요. 설탕을 대신할 수 있는 식물을 우려서 농축한 뒤 시럽화해서 만든 거예요. 당뇨 환자도 마음껏 드실 수 있죠. 그 차뿐만 아니라 든해의 차 대부분이 설탕이나 파우더 농축액 같은 것들이 거의 안 들어가요. 가장 건강한 찻집을 만드는 게 목표입니다.

영월에서 난 재료로 블렌딩한 차가 있다고 들었어요. 어떤 차인지 소개해주세요.
이번에 영월브랙퍼스트라는 차를 만들었어요. 이 지역의 농부가 생산하는 현미와 메밀로 만든 건데요, 깔끔하고 구수한 맛이 특징입니다. 앞으로도 영월의 사계절을 담은 시리즈가 나올 거예요. 그러니까 첫 시작인 영월브랙퍼스트는 봄에 해당한다고 볼 수 있죠. 그다음 여름, 가을, 겨울엔 어떤 차가 탄생할지는 아직 모르겠어요. 아마 계절에 맞는 재료를 사용해 계절을 가장 잘 느낄 수 있는 차를 만들겠죠?

한 가지 메뉴를 개발하기 위해서 많은 연구가 필요하겠어요.
네, 그렇죠. 사실 저는 차를 취미로 시작했기 때문에 기본적인 지식도 없었어요. 많이 마셔본 정도? 그런데 든해를 열고 차의 깊이를 알게 되면서 전문적인 교육의 필요성을 느끼고, 현재 영국의 티 마스터를 스승으로 모시고 부족한 부분을 채워가고 있습니다. 지금 하는 연구들은 많은 부분이 스승과 협업을 통해 이뤄지고 있어요.

공간이 한옥이에요. 한옥은 분명 아름답지만 유지하기가 힘들잖아요.
맞아요. 유지하기가 힘들죠. 그런데 여기가 원래 한옥이 있던 터예요.

그 이유 때문에 한옥을 지은 건가요? 저는 대표님이 국악을 전공해서 좀 더 한국적인 것을 반영한 줄 알았어요.
그런 건 아니고요.(웃음) 국악을 해서라기보다는 음악을 하다 보니 공간 음향의 가치를 알고 있거든요. 굳이 음향 장비를 사용하지 않더라도 공간이 훌륭하면 그것만으로도 충분한 음향 효과를 낼 수 있어요. 아마 직접 들어보시면 악기가 가진 본연의 순수한 소리에 빠지실 거예요.

이 질문을 앞서 해야 했는데, 든해가 영월에 자리 잡은 까닭이 있나요?
이 마을은 저희 어머니가 어릴 때 사신 고향이에요. 저는 서울에서 나고 자랐는데 몇 년 전 가족이 하던 사업을 정리하면서 어머니가 전원생활을 원하시더라고요. 그래서 장소를 물색하던 중에 어머니가 태어나고 자라신 영월을 선택하게 된 거예요.

어머니 고향이 영월이면 몇 번 놀러 와봤겠어요.
어린 시절의 추억이 좀 있죠. 여름마다 많이 놀러 왔는데 저는 꼭 강변에서 놀았어요.

그때는 강변이 모래사장이었거든요. 막 모래를 파면 자라알 같은 게 있었어요. 지금은 잘 없죠. 그리고 그땐 별이 쏟아질 듯 많았어요.

서울에도 자주 가시긴 하지만 어쨌든 현지인이 됐잖아요. 영월에서 생활해보니까 어떤 것 같아요?
우선 상당히 여유로워요. 생각하는 시간이 많다 보니까 오히려 주업에 도움을 많이 받고요. 초반에는 좀 답답하고 외롭기도 했어요. 도시에선 먹거리나 놀거리를 쉽게 찾을 수 있는데 여긴 아니잖아요. 젊은 사람도 없고.

든해는 한옥아트스테이라고 소개되어 있어요. '아트'라는 단어를 붙인 이유가 있나요?
아직 본격적으로 시작하진 않았지만 문화 공간이니만큼 앞으로 전시나 연주회를 지속적으로 진행할 예정이에요. 그래서 아트라는 단어를 붙인 거고요. 아마 봄이 오면 시작하지 않을까 싶어요. 첫 공연으로는 제 개인 연주를 해보고 싶어요. 뭐랄까, 든해를 시작하면서 음악에 대한 욕구가 좀 더 늘었거든요. 그다음엔 저와 친분이 있는 음악가나 영월의 숨은 보석 같은 예술가들에게 자신을 알릴 기회를 주고 싶어요.

마지막으로 차의 효능에 관해 얘기를 나누고 싶어요. 보통 사람들이 허브차 같은 걸 마시면 쉽게 건강해질 거라고 생각하잖아요. 그런데 효과를 보려면 엄청난 양의 차를 마셔야 하죠. 대표님이 보실 때 차의 효능은 뭐라고 생각하세요?
맞아요. 광고를 보면 이 한 잔을 마시면 바로 건강해질 것처럼 얘기해요. 하지만 실제로 차 한 잔을 마셨다고 그렇게 드라마틱한 효과를 보는 경우는 없거든요. 차가 건강에 이로운 다양한 효능이 있는 것은 맞지만 제가 생각할 때 차는 정신적 이점이 더 큰 것 같아요. 한 잔의 차를 마시면서 얻을 수 있는 여유, 사색의 시간 그런 것들이 지금을 살아가는 우리에게 꼭 필요한 부분이 아닐까요?

우리는 늦은 저녁이 되어서야 든해에 도착했다. 차에서 내리니 아침부터 이어진 촬영을 끝냈다는 안도감과 피로가 몰려왔다. 든해의 숙소에서 그만 푹 자고 싶었다. 하지만 차 한잔 마시고 자라는 박성휘 대표의 제안을 거절할 수 없었고, 몇 개의 초에 의지한 공간에서 몇 잔의 차를 마셨다. 박성휘 대표는 느리고 낮은 목소리로 차에 대한 이야기를 들려주었다. 우리는 말 잘 듣는 아이처럼 그가 말한 재료를 곱씹듯 입 안에 든 차를 음미했다. 공간이 어두운 탓에 차의 색이 보이지 않아서 엉터리로 맞추기도 했지만 편안하고 좋은 시간이었다. 그가 차 한잔 대접해줘서 다행이라는 생각도 들었다. 그리고 인터뷰를 마치고 이 글을 쓰는 지금은 그가 내어준 건 차만이 아니라는 생각을 한다. 그는 우리의 시간을 붙잡아두기도 했다. 시간을 빼앗았다는 게 아니라 내가 바라던 휴식의 세계로 안내했다는 말이다. 그날 밤, 티 포트에 담긴 차는 사라졌지만 내게는 어떤 여백이 생겼다.

RECIPE

로컬 레시피

단양 마늘소금과
영월 블렌딩 차를 이용한
한 상 차림

STUDIO **차리다**

'인생을 아름답게, 차리다'를 모토로 하는 라이프 디자인&푸드 스타일링 컴퍼니 '차리다'는 푸드 스타일리스트 김은아와 브랜드 디렉터 심승규를 중심으로 광고 및 브랜딩 분야에서 활발한 활동을 펼치고 있다. 현재 한남과 합정에서 스튜디오를 운영 중이며, 최근에는 전통 주방을 현대식으로 재해석한 '김은아의 부엌'을 북한남 사거리에 열고, 가마솥으로 음식을 만들어 먹는 재미에 빠져 있다.

01
마늘소금 깻잎쌈밥

with
단양 구운마늘소금

MATERIAL   깻잎 8장, 현미밥 1공기, 단양 구운마늘소금 1/2작은술

RECIPE
01 깻잎은 세로로 반을 자른 다음, 끓는 물에 마늘소금을 한 꼬집 넣고 5초간 데쳐서 찬물에 씻고 물기를 짠다.
02 현미밥이 뜨거울 때 마늘소금을 넣고 골고루 섞는다.
03 2의 현미밥을 한 입 크기로 동그랗게 만든다.
04 3의 현미밥을 데친 깻잎으로 감싸 완성한다.

STYLING TIP   쌈밥을 그릇에 담을 때 밥을 모두 모아놓지 말고 그릇에 여백을 두고 한 개, 두 개, 세 개씩 불규칙하게 놓아보세요. 빈 공간에 예쁜 꽃이나 나뭇가지를 두면 한 폭의 동양화처럼 플레이팅할 수 있습니다.

MATERIAL 밤고구마 3개, 찹쌀가루 3큰술, 설탕 1큰술, 소금 약간, 카놀라유 2큰술, 잣 1큰술, 피스타치오 1큰술, 호두 3알, 꿀 2큰술

RECIPE
01 잣, 피스타치오, 호두는 마른 팬에 노릇하게 볶아서 식힌 뒤에 굵게 다진다.
02 고구마는 찜기에 쪄서 껍질을 벗기고 으깨서 소금, 설탕, 찹쌀가루를 넣고 잘 섞는다.
03 2의 고구마 반죽을 지름 4cm 크기로 납작하게 만든 뒤 달군 팬에 카놀라유를 두르고 앞뒤로 노릇하게 굽는다.
04 접시에 담고 다진 견과류를 올린 뒤 꿀을 부려 완성한다.

STYLING TIP 차와 함께 곁들이는 음식이므로 한입에 쏙 들어가는 크기로 만들어주세요. 고구마 찹쌀구이는 작은 접시에 담고 트레이 위에 찻잔과 함께 올려 1인분씩 손님에게 내어드리면 단아하고 정성 가득한 티 테이블을 연출할 수 있습니다.

PLACE 가야산

PLACE

단양과 영월의 면면

여행을 떠나기 전
훑어야 할 50곳

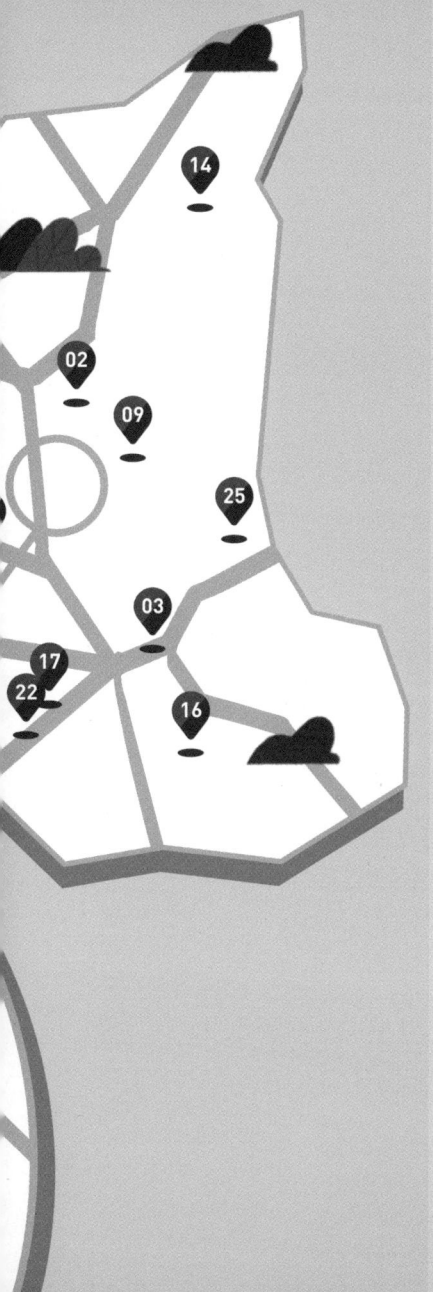

먹거리

- **01** 그집쏘가리
- **02** 꼴림
- **03** 누리마루
- **04** 단골수제고로케
- **05** 산골다방 오월
- **06** 아우룸
- **07** 엄마네식당
- **08** 장다리식당
- **09** 카페산
- **10** 카페율
- **11** 하루에카페
- **12** 한일맛집
- **13** 향미식당

볼거리

- **14** 온달관광지
- **15** 방곡도깨비마을
- **16** 사인암리 벽화 골목
- **17** 소선암 자연휴양림
- **18** 수양개빛터널
- **19** 이끼터널
- **20** 잔도길
- **21** 장미터널

쉴 거리

- **22** 숲속의 휴식
- **23** 대명리조트
- **24** 도담 게스트하우스
- **25** 소백산 가는 길

단양

01

먹거리

단양 / PLACE **01**

그집쏘가리

ADD
충청북도 단양군 단양읍 수변로 97
TEL
043 423 2111
COST
쏘가리 매운탕 (소) 60,000원

단양시외버스터미널 옆에 있는 그집쏘가리는 전국 5대 매운탕 맛집으로, 30년째 이곳을 지키고 있다. 오랜 세월 동안 이 자리에서 매운탕을 끓여왔기에 관광객뿐만 아니라 단양에 사는 사람들도 자주 간다.

단양 / PLACE **02**

끌림

ADD
충북 단양군 가곡면 고수재로 432-4
TEL
043 423 2977
COST
마늘치즈돈까스 12,000원

남한강 도로변에 위치해 있어 한적하고 조용한 카페다. 문을 열면 들려오는 1980년대 발라드 음악과 고풍스러운 인테리어는 향수를 물씬 불러일으킨다. 라이브 카페처럼 노래를 부를 수도 있는데, 김광석의 노래가 제법 어울릴 분위기다.

단양 / PLACE 03

누리마루

ADD
충북 단양군 대강면 대강로 48
TEL
043 421 8228
COST
돈까스 7,000원

누리마루는 단양의 숨겨진 돈가스 맛집이다. 주문과 동시에 돈가스를 튀기기 때문에 음식이 나오기까지 다소 시간이 걸리지만 그만큼 바삭하고 담백하다. 양배추 샐러드, 밥과 함께 나오는 돈가스는 모두의 어린 시절을 추억하게 한다.

단양 / PLACE 04

단골수제고로케

ADD
충북 단양군 단양읍 도전5길 27
TEL
043 423 2849
COST
크림치즈고로케 1,800원

단골수제고로케는 단양구경시장 안을 오래도록 지켜온 가게다. 기름이 적어 다른 크로켓과 다르게 느끼하지 않고 담백하다. 가장 인기 있는 메뉴는 크림치즈고로케이며 단양의 명물인 마늘을 사용한 마늘고로케도 있다.

단양 / PLACE **05**

산골다방 오월

ADD
충북 단양군 단양읍 삼봉로 75

TEL
010 2910 9923

COST
전 메뉴 5,000원

천연 염색 작가 최동환 씨가 운영하는 카페로 핸드 드립 커피 맛이 좋기로 유명하다. 민트색 외관을 비롯해 공간 곳곳에 그만의 색채와 라이프스타일이 녹아 있다. 여행 중 지친 사람들이 잠시 쉬어가며 이야기를 풀기 좋은 공간이다.

단양 / PLACE **06**

아우룸

ADD
충북 단양군 단양읍 별곡10길 3

TEL
043 421 2333

COST
아메리카노 3,500원

아우름은 단양구경시장 근처의 싱그러운 카페다. 카페 안으로 들어서면 가득한 꽃을 볼 수 있는데 테이블마다 싱그러움이 가득하다. 라테를 주문하면, 귀여운 라테 아트를 만들어주시는 사장님의 감각을 느낄 수 있다.

단양 / PLACE 07

엄마네식당

ADD
충북 단양군 단양읍 도전4길 30 단양시장

TEL
043 422 2947 / 010 9301 3555

COST
칼국수 6,000원 / 비빔국수 6,000원

엄마네식당은 단양구경시장 안에 있는 조그만 식당이다. 대표 메뉴로는 마늘이 듬뿍 들어간 마늘 메밀 들깨 칼국수와 흑마늘이 들어간 메밀 비빔국수가 있다. 주문과 동시에 만들어주는 칼국수는 그 자체로 단양의 진정한 겨울 맛이라 할 수 있다.

단양 / PLACE 08

장다리식당

ADD
충북 단양군 단양읍 삼봉로 370

TEL
043 423 3960

COST
온달마늘정식 (1인분) 16,000원

장다리식당은 마늘 요리 전문점으로 올해로 28년째 이 자리를 지키고 있다. 장다리란 마늘종을 일컫는 단양의 사투리인데, 장다리식당은 이름에 걸맞게 모든 음식에 마늘이 들어간다. 마늘로 시작해서 마늘로 끝난다고 말해도 과언이 아니다.

단양 / PLACE **09**

카페산

ADD
충북 단양군 가곡면 두산길 196-86

TEL
카페 010 5556 5679 / 패러글라이딩 1644 4674

COST
아메리카노 5,000원

카페산은 해발 600m에 위치한 인더스트리얼 전망대 카페다. 패러글라이딩 활공장이 옆에 있어서 패러글라이딩을 즐기는 사람들을 구경할 수 있고, 저녁이 되면 야경도 즐길 수 있다.

단양 / PLACE **10**

카페율

ADD
충북 단양군 매포읍 평동4길 9

TEL
043 421 4161

COST
아메리카노 3,500원, 청귤에이드 5,000원

카페율은 단양의 아기자기한 카페다. 제공되는 음료들까지도 예쁘게 플레이팅되어 나오는데, 다양한 메뉴 중에서도 사장님이 직접 만드신 수제 딸기 우유가 가장 인기다.

단양 / PLACE **11**

하루에카페

ADD
충북 단양군 단양읍 상진1로 11 대왕산전

TEL
043 423 9599

COST
아메리카노 3,000원 / 커피눈꽃 9,000원

대명리조트 바로 맞은편에 위치한 하루에카페는 커피눈꽃빙수가 유명하다. 쫀득한 떡과 바삭하게 구운 아몬드, 그리고 적당히 씁쓸한 커피가 묘하게 잘 어울린다.

단양 / PLACE **12**

한일맛집

ADD
충북 단양군 매포읍 평동 14길 30
TEL
043 422 6998 / 010 5467 6003
COST
단양마늘찜닭 (소) 15,000원

한일맛집은 단양의 명물인 마늘이 들어간 찜닭이 대표 메뉴인 식당이다. 특히 마늘찜닭이 가장 인기가 좋은데, 찜닭 위에 흑마늘과 깻잎을 얹어주기 때문에 흑마늘의 쫀득한 식감, 그리고 깻잎의 감칠맛을 함께 느낄 수 있다.

단양 / PLACE **13**

향미식당

ADD
충청북도 단양군 매포읍 평동4길 5
TEL
043 422 7500
COST
탕수육 (소) 20,000원 / 자장면 5,000원

겉보기에는 흔한 중국집 같지만, 음식의 맛은 결코 흔하지 않다. 대표 메뉴는 찹쌀탕수육. 겉은 바삭하고 안은 쫀득해 중식의 묘미를 제대로 느낄 수 있다. 소스가 부어져 나와 찍먹파는 서운할 수 있지만 전혀 눅눅하지 않으니 걱정 마시길.

단양

02

볼거리

단양 / PLACE **14**

온달관광지

ADD
충북 단양군 영춘면 온달로 23

TEL
043 423 8820

COST
어른 5,000원 / 청소년 3,500원 / 어린이 2,500원

드라마 촬영지로 유명한 곳이다. 전시관, 동굴, 산성, 그리고 오픈 세트장으로 구성되어 있으며, 특히 삼국시대 유물과 건축물을 관람할 수 있는 전시관이 인기다. 옛 정취를 그대로 재현한 전시관은 아이들과 구경하기 좋다.

단양 / PLACE **15**

방곡도깨비마을 / 도예랑체험

ADD
충북 단양군 대강면 선암계곡로 148
TEL
043 422 1576 / 010 4791 7858
COST
반나절 체험 (4시간) 성인 28,000원

방곡도예촌은 충북의 도예 명장으로 지정된 현운 조태영 장인이 도자기를 만드는 곳이다. 이곳에서는 전통 방식으로 굽는 도자기 체험을 할 수 있어 아이들과 함께 이색적이고 즐거운 시간을 보낼 수 있다.

단양 / PLACE **16**

사인암리 벽화 골목

ADD
충북 단양군 대강면 사인암로 386
사인암리 마을 주차장
COST
무료

사인암리 벽화 골목은 2015년 상명대 문화예술대 학생들이 그린 작품들로, 마을 길을 산책하면서 전체적으로 둘러볼 수 있다. 사인암과 더불어 정겨운 분위기를 느낄 수 있는 곳이다.

단양 / PLACE **17**

소선암 자연휴양림

ADD
충북 단양군 단성면 대잠2길 15

TEL
043 422 7839

COST
메타세쿼이아 가로수길 성인 1,000원

두악산 근처에 위치한 고요한 휴양지다. 휴양림 주변 등산로를 따라 산책도 할 수 있고 근처 계곡에서 물놀이도 할 수 있어 계절마다 색다른 분위기가 느껴진다. 영화 촬영지로도 유명한 메타세쿼이아 길은 휴양림을 대표하는 명소다.

단양 / PLACE 18

수양개빛터널

ADD
충청북도 단양군 적성면 수양개유적로 390
TEL
043 421 5453
COST
성인·청소년(16세 이상) 9,000원

수양개빛터널은 이름 그대로 빛이 가득한 터널이다. 이끼터널을 지나면 수양개빛터널을 만날 수 있는데 터널과 비밀정원으로 구성되어 있다. LED 장미꽃과 은은한 조명, 음악이 이곳의 분위기를 특별하게 만들어준다.

단양 / PLACE 19

이끼터널

ADD
충북 단양군 적성면 애곡리 129-2
COST
무료

수양개빛터널에 가기 전에 만날 수 있는 이끼터널은 단양의 이색 공간 중 하나다. 실제 터널은 아니지만 울창한 나무가 천장을 대신하기 때문에 터널이라는 단어가 뒤에 붙었다.

단양 / PLACE **20**

잔도길

ADD
충청북도 단양군 단양읍 상진리(상진대교)
에서 강변을 따라 적성면 애곡리를 잇는 길
COST
무료

상진대교에서 강변을 따라 이어진 길이다. 절벽에 붙어 있는 길이라 아찔하지만 눈 앞에 펼쳐진 자연경관을 보면 자연스럽게 감탄하고 만다. 길을 따라 걸으며 볼 수 있는 다리와 기찻길, 오래된 도로는 이곳에서만 느낄 수 있는 낭만이다.

단양 / PLACE **21**

장미터널

ADD
충청북도 단양군 단양읍 삼봉로 192
COST
무료

남한강 강변길을 따라 조성된 산책로다. 장미가 만개하는 봄에는 커플들의 데이트 장소로 유명하다. 5월에는 소백산 철쭉제가 장미 축제와 함께 열린다고 하니, 축제도 즐기고 낭만적인 꽃길을 걷고 싶다면 5월을 기대해보자.

단양

03

쉴 거리

PLACE
카페窓

단양 / PLACE **22**

숲속의 휴식

ADD
충북 단양군 단성면 대잠2길 38-21
TEL
043 422 1577, 010 2460 4775
COST
펜션 주중 / 성수기 350,000원

숲속의 휴식은 두악산 중턱에 있는 펜션이다. 빼곡한 나무 사이로 자리 잡은 이곳은 동화 속 한 장면을 연상케 한다. 실내 장식 또한 모두 원목 가구로 꾸며 나무 향이 가득하다. 바쁜 일상에 지쳤다면 이곳을 찾아 차분한 휴식을 가져보는 건 어떨까.

단양 / PLACE **23**

대명리조트 / 단양

ADD
충북 단양군 단양읍 삼봉로 187-17

TEL
043 420 8312

COST
홈페이지 참고

대명리조트 단양은 역과 버스터미널에서 가깝고, 단양의 대표적인 관광지인 고수동굴, 도담삼봉과 접근성이 좋다. 또한 중부지방 유일한 물놀이 테마파크인 아쿠아월드를 운영하고 있어 가족 여행 숙소로 제격이다.

단양 / PLACE **24**

도담 게스트하우스

ADD
충청북도 단양군 가곡면 여천덕천로 701-23
TEL
043 423 2602 / 010 8842 2602
COST
6인 도미토리 / 20,000원 ~

시내와는 좀 떨어져 자연 그대로의 모습을 만끽할 수 있는 숙소다. 특히 창문을 가득 채우는 산과 강을 보고 있으면 마음이 절로 차분해진다. 따뜻한 날은 테라스에서 단양의 마늘통닭과 맥주를 즐기며 단양의 자연을 온몸으로 느낄 수 있다.

단양 / PLACE **25**

소백산 가는 길

ADD
충북 단양군 단양읍 다리안로 629
TEL
010 9822 4857 / 010 7447 4857
COST
4~6인 / 주중 100,000원

소백산 가는 길은 이름처럼 소백산 바로 아래 있는 펜션이다. 펜션 주변이 산으로 둘러싸여 맑은 공기 속에서 쉬어갈 수 있는 장소다. 겨울에는 흰 눈이 쌓인 산의 경관과 펜션의 테라스 주변이 더욱 운치 있어 보인다.

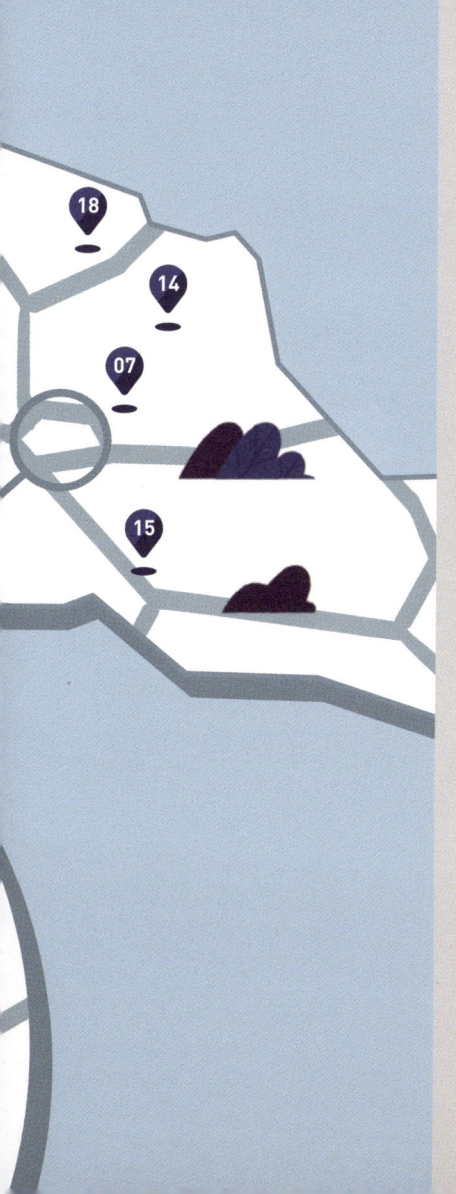

먹거리

- **01** 김인수 할머니 순두부
- **02** 만선식당
- **03** 미탄집
- **04** 성호식당
- **05** 안녕, 나의 별
- **06** 영빈관
- **07** 영월능이백숙
- **08** 윤스빈
- **09** 이가닭강정
- **10** 일미닭강정
- **11** 장릉보리밥집
- **12** 청록다방
- **13** 카페메이트

볼거리

- **14** JCUBE MUSEUM
- **15** 고씨동굴
- **16** 동강사진박물관
- **17** 라디오스타박물관
- **18** 마차리 탄광문화촌
- **19** 법흥사
- **20** 요선정
- **21** 한반도 뗏목마을

쉴 거리

- **22** 심야식당 게스트하우스
- **23** 앨리스의 다락방
- **24** 여행자의 노래
- **25** 장릉숲 게스트하우스

영월 / PLACE 01

김인수 할머니 순두부

ADD
강원 영월군 영월읍 단종로16번길 41
TEL
033 374 3698
COST
순두부 7,000원 / 비지장 7,000원

김인수 할머니 순두부는 반백 년의 맛을 자랑하는 곳이다. 연세가 지긋하신 할머니가 만들어주시는 뭉근하고 부드러운 순두부의 레시피는 삼대째 이어지고 있다.

영월 / PLACE 02

만선식당

ADD
강원 영월군 영월읍 단종로 19
TEL
033 375 5989
COST
생선구이 돌솥밥 9,000원 / 백반 7,000원

영월의 특산품인 곤드레를 맛보고 싶다면 만선식당을 추천한다. 만선식당의 곤드레 돌솥밥은 생 곤드레가 얹혀 나오기 때문에 생 곤드레의 부드러운 식감과 진한 향이 색다른 맛을 더한다.

영월 / PLACE 03

미탄집

ADD
강원 영월군 영월읍 중앙로 30-1

TEL
033 374 4090

COST
메밀전병 1,500원 / 올챙이국수 5,000원

미탄집은 영월서부시장 안에 있는 메밀전병과 메밀전 맛집이다. 매콤한 김치가 들어간 메밀전병과 살짝 간이 밴 배추로 부쳐 깔끔한 맛이 나는 메밀전은, 영월 사람들도 좋아하는 간식거리다.

영월 / PLACE **04**

성호식당

ADD
강원 영월군 영월읍 영월로 2101
TEL
033 374 3215
COST
다슬기해장국 8,000원

성호식당의 다슬기해장국은 된장으로 우린 국물과 시래기로 만든 다소 독특한 해장국이다. 모든 메뉴에 다슬기가 들어가며, 함께 나오는 반찬은 소박하지만 깔끔하다.

영월 / PLACE **05**

안녕, 나의 별

ADD
강원 영월군 영월읍 하송안길 107
TEL
010 5093 5205
COST
노을라떼·푸른별라떼 각 4,500원

안녕, 나의 별은 단순히 커피만 파는 카페가 아니다. 별을 좋아하는 주인장이 커피와 함께 문화 예술을 통해 사람들과 소통하고자 만든 곳이다. 그래서 아기자기한 분위기의 카페 안은 별과 관련된 사진과 직접 만든 별자리 자수로 꾸며져 있다.

영월 / PLACE 06

영빈관

ADD
강원 영월군 영월읍 단종로 35-1

TEL
033 372 2220

COST
짜장면 5,000원 / 탕수육 15,000원

영화 〈라디오 스타〉에서 배우 안성기 씨와 박중훈 씨가 짜장면을 먹는 장면의 촬영 장소로, 영화 개봉 후 영월의 명소가 된 곳이다. 촬영 후 외관을 다시 정비해 영화 속 그대로의 모습은 볼 수 없지만 여전히 많은 사람이 이곳을 찾는다.

영월 / PLACE 07

영월능이백숙

ADD
강원 영월군 영월읍 중앙1로 48 대일상가주택

TEL
033 375 5310 / 010 8435 5310

COST
능이버섯백숙 55,000원

건강한 영월의 맛집이다. 능이버섯의 향긋한 향은 백숙과 잘 어울리는데, 함께 나오는 영양찰밥에도 그 향이 배어 코를 부드럽게 자극한다. 점심에는 닭고기 살만 발라 부추와 함께 끓인 능이버섯 닭곰탕도 판매한다.

영월 / PLACE **08**

윤스빈

ADD
강원 영월군 영월읍 분수대길 64
TEL
010 8855 4051
COST
아메리카노 2,800원 / 카페라떼 3,800원

한옥처럼 보이는 윤스빈의 문을 열고 들어가면 현대적인 느낌이 절묘하게 어우러져 있고 와플 냄새가 물씬 난다. 제철 과일과 푸짐한 아이스크림이 와플 위를 가득 채우고 있는데 영월의 인심만큼이나 넉넉하다.

영월 / PLACE **09**

이가닭강정

ADD
강원도 영월군 영월읍 영월로 2105-1
TEL
033 373 0999 / 010 2729 0989
COST
대 17,000원 / 소 11,000원

이가닭강정은 줄을 서서라도 먹고 올 정도로 소문난 맛집이다. 바삭한 튀김옷을 입은 촉촉한 닭고기의 맛 때문에 사람들이 많이 찾는 곳이다. 메뉴는 매운맛과 순한 맛, 두 가지다.

영월 / PLACE **10**

일미닭강정

ADD
강원 영월군 영월읍 서부시장길 25-1

TEL
033 374 0151

COST
1~2인분 10,000원 / 3~4인분 16,000원

영월서부시장 안에 있는 전국 3대 닭강정 집이다. 순한 맛과 약간 매운맛이 있는데 순한 맛은 주문 시에만 조리한다. 10,000원부터 32,000원까지 가격대가 다양하고 1~2인분도 판매하므로 나 홀로 여행객도 부담 없이 방문할 수 있다.

영월 / PLACE **11**

장릉보리밥집

ADD
강원 영월군 영월읍 단종로 178-10

TEL
033 374 3986

COST
보리밥 8,000원 / 묵채 8,000원

장릉보리밥집에 가면 소박하고 친근한 음식을 먹을 수 있다. 보리밥만 먹기에는 거친 감이 있으므로 반찬으로 나오는 다양한 나물과 고추장을 넣고 비벼 먹는 것이 좋다. 함께 나오는 된장찌개는 시골의 구수한 맛이니 꼭 먹어볼 것.

영월 / PLACE **12**

청록다방

ADD
강원 영월군 영월읍 중앙로 58
TEL
033 373 2126
COST
커피 2,000원 / 마차 3,000원

영화 〈라디오 스타〉의 촬영지로 알려진 청록다방은 옛날 다방의 모습을 그대로 간직한 곳이다. 옛날 다방의 커피 맛을 그대로 느낄 수 있도록 프림과 설탕을 적절히 조합한 다방 커피도 맛볼 수 있다.

영월 / PLACE **13**

카페메이트

ADD
강원 영월군 영월읍 단종로16번길 18-6
TEL
033 375 3356
COST
아메리카노 3,000원

영월에서 유일하게 수동 에스프레소 머신을 사용하는 카페다. 한잔에 20g의 원두를 사용해 풍부하고 향이 깊은 커피를 마실 수 있으며, 직접 로스팅해서 더치 원액을 제조하고 있다.

영월

02 볼거리

영월 / PLACE **14**

JCUBE MUSEUM

ADD
강원 영월군 영월읍 사지막길 56
TEL
070 4140 1786 / 010 5214 1786
COST
무료

JCUBE MUSEUM은 동강시스타 근처에 있는 갤러리 형식의 박물관이다. 1층은 카페, 2층은 전시실로 구성되어 있다. 이곳에선 서양 미술사 강좌, 여성 수다방을 운영하는 등 여러 프로그램을 진행 중이다.

영월 / PLACE **15**

고씨동굴

ADD
강원 영월군 김삿갓면 진별리 산262
TEL
033 370 2621
COST
어른 4,000원 / 청소년·군인 3,000원

남한강 물줄기를 따라 위치한 고씨동굴은 임진왜란 당시 고씨 가족이 피신했던 곳이다. 천연기념물로 지정된 이곳에는 세 개의 폭포와 열 개의 광장이 있다. 관람에 왕복 40~50분 정도 소요되니 넉넉한 시간을 가지고 방문해야 한다.

영월 / PLACE **16**

동강사진박물관

ADD
강원 영월군 영월읍 영월로 1909-10

TEL
033 375 4554

COST
어른 2,000원 / 청소년·군인 1,500원

국내 최초의 공립 사진박물관이다. 사진 마을이라는 별칭을 가진 영월답게, 사진을 좋아하는 여행객들이 한 번은 꼭 들르게 되는 곳이다. 매년 7월에서 10월 사이에는 동강 국제사진제도 열리므로 축제 기간에 방문해보길.

영월 / PLACE **17**

라디오스타박물관

ADD
강원 영월군 영월읍 금강공원길 84-3

TEL
033 372 8123

COST
어른 3,000원 / 초중고생 2,000원

라디오스타박물관은 구 KBS라디오 방송국 건물을 활용해 지은 박물관이다. 단순히 관람만 하는 박물관이 아닌 직접 라디오 방송 제작에 참여할 수 있는 체험형 학습 박물관이다.

영월 / PLACE **18**

마차리 탄광문화촌

ADD
강원 영월군 북면 밤재로 351

TEL
033 372 1520

COST
어른 2,000원 / 청소년·학생·군인 1,400원

마차리 탄광문화촌은 1960~1970년대 마차리의 탄광 마을 거리를 재현하고 폐광의 모습을 복원한 곳이다. 탄광촌의 생활을 재현한 탄광 생활관, 그리고 갱도와 작업과정에 대한 체험을 할 수 있는 곳으로 구성되어 있다.

단양 / PLACE **19**

법흥사

ADD
강원 영월군 무릉도원면 무릉법흥로 1352
TEL
010 5669 2077 / 033 374 9177
COST
무료

법흥사는 부처님의 진신사리를 봉안한 5대 보궁 중 하나다. 한국의 대표적인 불교 성지로 불교 신자들이 많이 찾는 곳이며 적멸보궁, 부도, 석분, 징효국사부도, 징효대사탑비, 흥영선원지 등의 다양한 문화재도 있다.

영월 / PLACE **20**

요선정

ADD
강원 영월군 무릉도원면 도원운학로 13-39

TEL
033 370 2931 / 033 372 8001

COST
무료

요선정은 영월 10경 중 하나로, 강원도 문화재에도 등록된 정자다. 남한강의 갈래 중 하나인 주천강 상류 부근에 위치해 주변 경관이 무척 수려하며, 주위에 있는 석탑과 마애여래좌상이 주변의 화강암 벽과 어우러져 경치를 더한다.

영월 / PLACE **21**

한반도 뗏목마을

ADD
강원 영월군 한반도면 선암길 66-9

TEL
010 9399 5060

COST
뗏목 뗏꾼 체험 어른 6,000원

영월 10경 중 하나인 곳으로 마을전망대, 신선바위, 섶다리, 바람바위로 구성되어 볼거리가 풍부하다. 뗏목 체험 프로그램이 있는데, 겨울에는 뗏목 체험을 하지 않으므로 뗏목 체험을 하고 싶다면 겨울을 피해서 방문하자.

영월 / PLACE 22

심야식당 게스트하우스

ADD
강원 영월군 무릉도원면 백년계곡길 11

TEL
033 372 0072

COST
가족룸 60,000원 / 게스트룸 25,000원

심야식당은 법흥사 근처의 법흥계곡과 백년계곡이 만나는 곳에 있는 게스트하우스다. 자연 속에 자리 잡은 이곳은 맑은 공기와 푸른 하늘이 매력적이다. 이곳은 게스트하우스뿐만 아니라 민박, 카페, 한식당을 운영하는 멀티플레이스다.

영월 / PLACE **23**

앨리스의 다락방

ADD
강원 영월군 영월읍 분수대길 18

TEL
010 8771 1555

COST
도미토리 25,000원 / 독채 민박 80,000원

군청 사거리 근처에 있는 아기자기한 여성 전용 독채 게스트하우스다. 번화가에 자리해 가까운 곳에 편의 시설이 많다. 밤에는 빔프로젝터로 영화 관람도 가능하며, 천문대까지 차량 서비스도 해준다.

영월 / PLACE **24**

여행자의 노래

ADD
강원 영월군 영월읍 단종로 70

TEL
010 3902 4174

COST
1박 20,000원

여행자의 노래는 도서관이자 카페이며 밤에는 게스트하우스로 운영하는 복합문화 공간이다. 책이 가득한 공간에서 자는 독특한 콘셉트에 반한 젊은 여행자들이 많이 찾는 곳이기도 하다.

영월 / PLACE **25**

장릉숲 게스트하우스

ADD
강원도 영월군 영월읍 영월로 1763

TEL
050 1403 3403 / 010 7159 3403

COST
1인 25,000 ~

장릉숲 게스트하우스는 단종의 무덤인 장릉 근처에 위치한 한옥 게스트하우스다. 도미토리 형식이 아닌 방 전체를 빌릴 수 있어 가족 단위로 방문했을 때 저렴한 가격에 편히 이용할 수 있는 곳이다.

01 | 맛있으면 0칼로리!
맛 따라 떠나는 여행

동네마다 놓쳐서는 안 될 먹거리, 입이 행복한 맛집 네 곳을 소개한다.

단양	단골수제고로케	/ 세월에 바래지 않는 맛
단양	향미식당	/ 흔하지 않은 중국집
영월	보문찜마을	/ 오직 맛으로 승부하는 싱싱한 해물찜
영월	영월능이백숙	/ 추위로 지친 겨울, 몸보신을 위한 백숙

02 | 부모와 아이,
모두가 즐거운 여행

아이들의 눈높이에 맞는 코스는 따로 있다.
아이들과 함께할 때 더 즐거운 여행지 영월, 단양의 숨은 곳곳을 소개한다.

단양	끌림	/ 그때, 그 시절을 고스란히 담은 곳
단양	온달관광지	/ 역사가 눈앞에 펼쳐지는 곳
단양	대명리조트	/ 가족을 위한 맞춤형 숙소
영월	라디오스타박물관	/ 꿈이 많은 아이와 어른을 위한 곳

03 | 몸으로 느끼는 여행

여행을 제대로 즐기는 방법은 바로 몸으로 느끼는 것이다.
영월, 단양에서 온몸이 반응할 수 있는 체험 코스를 소개한다.

단양	방곡도깨비마을	도예랑체험	/ 도예의 역사 속으로
단양	카페산	패러글라이딩	/ 푸른 단양 하늘을 날다
영월	고씨동굴	/ 상상 그 이상이 펼쳐지는 곳
영월	한반도 뗏목마을	/ 영월에서 만나는 한반도

04 | 자연 속에서 천천히 찍는 쉼표

자연경관이 아름다운 곳에서 쉬는 것만큼 좋은 시간은 없을 터. 휴식이 필요한 사람들을 위한 힐링 장소 네 곳을 소개한다.

단양	소선암 자연휴양림	/ 메타세쿼이아 길, 바라만 봐도 좋은 곳
단양	장미터널	/ 봄이 수놓은 꽃길
영월	여행자의 노래	/ 도서관의 이중생활
영월	법흥사	/ 절에서 찾는 마음의 평화

아는 동네

동네를 경험하는 새로운 기준

도시 콘텐츠 전문 미디어
iknowhere.co.kr

매거진 | 큐레이션 | 콜렉션 | 아카이브

아는동네, 아는을지로 매거진 #신인류
을지로 신도시

© 조혜원

아는여행 01 **단양 그리고 영월**

초판 1쇄 인쇄 2018년 2월 13일
초판 1쇄 발행 2018년 2월 23일

발행인 홍주석
프로젝트 매니저 문재필
기획 정한울·한수정
에디터 이혜인·진혜란
사진 최연정·김민성
디자인 박소언
일러스트 이민경·김주연
교정·교열 박성숙
사진협조 단양군청·대명리조트·도담게스트하우스
방곡도깨비마을·소백산 가는 길·소선암 자연휴양림
심야책방 게스트하우스·한국관광공사·손문수·유효순·전구백
ISBN 979-11-961009-2-6

㈜어반플레이

contact @ urbanplay.co.kr
www.urbanplay.co.kr
www.iknowhere.co.kr

ⓒ 2018 어반플레이 Printed in Korea

파본이나 잘못된 책은 구입처에서 바꾸어 드립니다.
이 책은 저작권법에 따라 보호받는 저작물이므로 무단전재와 무단복제를 금지하며,
이 책의 내용 일부 또는 전부를 이용하려면
반드시 사전에 저작권자와 출판권자의 서면 동의를 받아야 합니다.
책값은 뒤표지에 있습니다.